JN411634

아버지의 손

전숙 시집

시와사람

국립중앙도서관 출판사도서목록(CIP)

아버지의 손 : 전숙 시집 / 지은이: 전숙.
-- 광주 : 시와사람, 2015
p. ; cm

ISBN 978-89-5665-432-4 03810 : ₩8000

한국 현대시[韓國現代詩]

811.7-KDC6
895.715-DDC23 CIP2015022774

아버지의 손

■ 시인의 말

마음을 내보이는 게 말일진대
마음을 감추기 위해 세상은 말을 한다.
21세기 사방격자무늬 속의 하루살이인 나도
나를 감추기 위해 많은 말을 했다.

말하고 보니
말 속에 내가 다 들어있다.
나를 감추기 위해 한 말이
그늘 깊은 자화상이 되었다.

세상을 다 속여도
나 자신은 속일 수 없음인가…

하루살이의 날개가 빛난다.
누구나 빛나는 하루가 있다.
그 하루가 눈물뿐인 한 생을 이끌고 간다.

2015년 여름
전 숙

아버지의 손/차례

1 고요가 고요를 말리는

2 누군가의 길이 되고

3 마늘을 위로하다

4 팔자 고치기

| 해설 |

1

고요가 고요를 말리는

아버지의 손

사막을 보고 있다
만지면 고운 모래가 묻어날 것 같은
고요가 고요를 말리는 건조증이 아직 진행 중이다

저 사막에도 용트림하듯 거센 강물줄기 흘렀었다
회초리를 들어 내 장딴지를 후려치던
그 강단진 패기는 어디쯤에서 말라버렸을까
한 장 한 장 생을 굽듯이 아스라하게 구워낸
내 대학등록금을 은행창구에 들이밀 때
아버지의 손은 사바나로 변하고 있었으리라

나는 회초리 든 아버지의 푸른 손만 기억하였다
모래바람이 아무리 거세게 불어도
아버지의 손은 언제나
내가 편히 쉴 늘 푸른 초원인 줄 알았다

한 방울의 비도 내리지 않은 혹독한 시절을
무소의 뿔처럼 홀로 지고 걸어간
아버지의 강과 샘은 하얗게 말라붙어

눈을 감고 만지면 아버지의 손은
죽어 천년을 산다는 사막의 나무
한때 그 몸에 푸른 이파리 살랑였던 기억까지
깡마르게 지워낸 호양나무의 수피처럼
갈기갈기 거친 호흡으로 덮여 있었다.

모진

그랑께 금동아짐이 새끼들 셋을 뺏기고 쫓겨난 것이 한 스무 해는 지났을 것이구만 잉. 아짐이 하도 궁상이어서 동네서도 암도 모른 척 하고 살았제. 말이 한동네제 아짐하고 말 섞어 본 것이 언제 적 일인지 생각도 안 난당께. 먼발치서 내다보믄 동네쓰레기는 무슨 고물상도 아니고 다 물어다가 쟁여쌌드만.

그 세월을 그 흔한 옥장판 한 장 없이 냉골로 건너왔다는디. 목구멍으로 넘기는 것들은 모다 얻어온 시레기죽이었다는구먼. 그렇게 덜컥 소한날 아침에 아짐이 죽었어도 한 보름은 암도 몰랐제, 암만. 소한 전날 장날에 아짐본 것이 마지막이었당께 그렇게 짐작해보는 것이제. 남정네들이 수건을 입에 물고 콘테이너에 들어가서 글씨, 옷을 벗겨봉께 항꾼에 입은 옷이 열다섯 벌이었다는디, 주머니마다 곰팡이 하얗게 핀 돈다발이 들어있드리야.

워메, 두고 온 새끼들 줄라고 그랬으까 잉
아이고,
저
모진…

한 뼘 자란만큼

내가 한 뼘 자란만큼 한 뼘 작아진
엄마는
나를 올려다보면서도
얼굴에 자글자글 패랭이꽃이 피어납니다

내 눈에는 패랭이꽃 꽃송이마다
숭얼숭얼 이슬 같은 눈물이 어룽거립니다

할 수만 있다면 무릎에 맷돌이라도 달고
다시 한 뼘 줄어들고 싶습니다

내 겉몸이 한 뼘 두 뼘 자라도
속 몸은 여전히 철부지임을 아는 까닭입니다
엄마 겉몸이 한 뼘 두 뼘 줄어들어도
속 몸은 더욱 깊어짐을 아는 까닭입니다

내가 한 뼘 자란만큼 한 뼘 작아진
엄마는
나를 올려다보면서도
얼굴에는 자글자글 패랭이꽃이 피어납니다.

홍어의 시간

시간이 출렁일 때마다 아버지의 거세된 날개가 펄떡거린다
항아리에 따개비처럼 붙박여서
암각화로 기억된 시간이 아버지를 들려준다

아무도 길을 가리키지 않을 때
바다의 기관지였던 아버지의 날개는
포크레인처럼 바다의 고샅길, 에움길을 열었다
그물에 꿰인 아버지의 시간
급브레이크가 걸리고
아스콘 같던 날개에는 스크래치의 상처가 선명하였다
상처는 심장이 짓무르도록 댓돌 위에 발 한 번 올려놓지 못했다
두엄 같은 마당쇠의 시간이
더 이상 썩지 않는 영원으로 바뀌기까지
그 모진 치욕에도
아버지는 자존심의 뼈대를 무너뜨리지 않았다
하늬바람처럼 자유로웠던 아버지는
삭아가는 돛으로 바다를 지탱하고
토굴에서 업보를 씻는 선승의 시간을 삭혀
백년 된 대나무밭처럼 필생의 꽃을 피웠다

이어달리기처럼
아버지의 날개가 내 갈비뼈에서 펄떡거린다
갈바람이 분다
저 서풍에 홍어연을 펄떡펄떡 날려야겠다.

봇짐입니다

고목 한 그루 타워아파트 경비실에 들어섭니다
가쁜 숨을 한동안 몰아쉬더니
"우리 아덜 집 좀 찾아주소."
진땀에 젖은 쪽지가 어룽어룽해서
경비는 한참을 들여다보고서야 전화를 겁니다

"댁네 고목이 한 봇짐 들고 오셨소."
"경비실에 맡겨두라고 하세요."

갑자기 내린 무서리에
푸르게 사운거리던 것들의 가슴에 살얼음이 듭니다
돌아서는 고목의 다리가 휘청거리자
갸우뚱 접혀있던 헌 의자가 잽싸게 몸을 내밉니다
햇살과 바람을 통째로 삼킨 밭두렁 같은 눈이 캄캄해집니다
쥐어짠 듯 흘러내린 수액 한 줄기에 경비실바닥이 금세 흥건합니다

뭉클해진 경비가
"고목이 꺾였으니 봇짐이나 찾아가쇼."
"아저씨가 깡그리 **다** 가지세요."

돌연 미아가 된 봇짐을
잎새 홀랑 털어버린 나목이 앙상한 가슴으로 안아줍니다
대리석바닥에서 뒹굴던 낙엽이 봇짐 속내를 들여다봅니다

〉
볶은 깨 반 되, 두 홉 들이 참기름 두 병,
고춧가루 닷 근, 찹쌀 서 되, 말린 토란대…….
봇짐 맨 아래층에는 농협봉투에
빳빳한 만 원짜리가 스무 장 들어있습니다
새벽 여섯 시부터 미나리꽝에서 품 팔아 번 돈입니다.

가방끈엄마

아빠별똥별이 까무룩 사라진 후
가방끈 짧은 우리 엄마는 화장품외판원이 되었다

사십 년 동안 발을 동동 구르던 엄마의 동동구루무는
가방끈 짧은 우리 엄마 혓바닥까지 둥글게 말아먹은
멋진 꼬부랑 이름의 링클크림이 되고
금의환향한 한자말 이름을 붙여
주름도 없애고 피부까지 바꾼다는 기능성으로 진화하는 동안
똘망거리던 별빛들도
화장품외판원 엄마가 부끄러운 사춘기 반항아별이 되었다가
꼬맹이별이 또 두 개의 꼬맹이별의 엄마가 되었다
'동안'이라는 시간은 엄마에게도 똑같은 '동안'이어서
엄마의 어깨에는 새가 둥지를 틀듯이 가방끈이 집을 지었다
화장품 무게를 수십 년 지탱한
가방끈을 견딘 엄마의 어깨뼈는 가방끈의 넓이만큼 주저앉았다
안락하게 누울 수 있도록 홈이 파인
가방끈의 집 때문에 죽을 만큼의 무게에도 삶이 밀려나지 않았다는 엄마

야금야금 뼈를 갉아먹는 가난한 파도를
엄마는 손바닥만한 삼각형의 방패로 감당했다
가방끈이 짧아 통짜로 가방끈이 된 엄마의 가슴엔

자식이라는 가방의 무게 때문에
해지고 늘어진 기나긴 동굴이 파였다

엄마의 동굴에 꼬맹이별이 들락거리면
별빛에 반짝이는 종유석 같은 아름다운 가방끈이 보였다.

절개지

길이 절단 났습니다
뇌출혈로 막힌 뇌혈관에 길을 내려고
산을 자르듯 덥석 뇌를 잘랐다는데
생의 지반이 붕괴된 어머니는
한평생 이끌어온 길의 발가락이 떨어져나가고 말았습니다
한참 절룩거리다 돌아오십니다
노루가 사라져버린 길을 찾듯
홀연한 길의 발가락을 찾다가
장판바닥만 쓸어보고 한동안 망연하십니다
주섬주섬 밤새워 꿰맨 기억의 가닥이 흩어져버렸습니다
주인에게서 멀어진 발가락의 열린 상처에
토사에 뒤덮인 절개지처럼 망각구름이 쌓입니다
산사태처럼 작은 기억들이 무너져 내리자
반듯한 가르마 같던 어머니 길 전체가 흔들립니다
씽크홀처럼 어머니의 길들이 돌연사하고 있습니다
어떤 추억도 뿌리내리지 못하는 절개지는
먼 길 찾아온 사촌바람에게도
손잡고 울먹이는 풀씨친구에게도
밥 안준다고 타박입니다
길을 잃은 산짐승이 사라지듯
어머니의 아름답던 꽃잎도 낙화유수입니다
때 아닌 갱년기처럼 변덕스런
기억의 가닥을 어머니는 아예 싹둑 가위질입니다
핏물 어룽진 노을이 산허리에 업혀서
저물어가는 꽃잎에 침을 탁. 탁. 뱉습니다.

시간의 식욕

강물이, 강물이 흘러간다
물결에 몸을 맡기면
시간의 식욕이 육질을 삼켜버린다
지난봄에 소리 소문도 없이 사라진
기왓장의 송곳니 틈새로 스며들어온 달빛
아랫목을 기웃거리다가
내려앉은 구들장에 엉거주춤 굳어버린다
대나무로 버틴 바람벽엔 허공이 숨구멍을 뚫고
드나드는 바람들 쉼 없이 앓는 소리를 낸다
늙는다는 일, 시간에게 구멍 숭숭 뚫리는 일
시간의 식습관은 육질을 먹어치우는 일
산수유꽃잎 노을에 젖는데
파인 곳마다 물이 고인 폐가에서
노랑턱멧새는 목을 축이고
고실라진 유두는
쌀항아리 구멍 난 바닥을 질끈 긁어본다
허물어진 강둑에 파묻힌 폐가는
남은 육질에 뻥뻥 구멍질이고
유두를 빨겠다고 울어대던 아이가
구강기의 기억을 강물에 흘려보내는 사이
뚫린 기억의 저편에
미라로 말라가는 유두가 누워있다
먹이고 씻어주면 강은 흘러가는 것
폭삭 주저앉을 때까지
시간의 식욕은 현재진행형이다.

고비의 어미

칼이 된 그리움이 있다

고비에서는 사람이 죽으면 죽은 자리에 풍장을 하고
어미의 앞에서 새끼낙타를 칼로 찔러 죽인다
어미는 새끼 내음을 일 년도 넘게 기억할 수 있어서
하루에도 몇 번씩 얼굴을 바꾸는 고비에서
풍장한 곳을 찾기 위해 어미낙타를 데려가려는 것이다

고비의 낙타는 속눈썹이 두 겹이고
혹도 쌍봉이고
가슴에 품은 그리움의 주머니도 두 개여서
새끼를 찾고 그리워하는 정이 가축 중에 제일이다

기억하는 한 살아있다며
안아볼 수도 만져볼 수도 없는
불가촉천민 같은 서러운 냄새를
사막의 지독한 모래폭풍에도 놓치지 않고
세상을 새파랗게 물들이는 고비하늘,
그 시원의 파랑에도 물들지 않고
잘근잘근 음미하던 야생화의 향기도 젖히고
밤이면 거침없이 쏟아지는
미리내의 빛줄기에도 흘려보내지 않고
건초의 뼈보다 더 질긴
모래폭풍의 손아귀보다 더 억센
주머니에 각인시켜서

〉

한해 전에
부풀어 오르는 목젖을 넘어간
비린 그리움을 펴 올리며
어미는 망망한 고비를 건넌다.

김치엄마

나, 미운 엄마에게로 돌아간다
무지랭이 엄마, 욕쟁이 엄마, 꼬집보 엄마,
오일장 마실 갈 때면
소나무 껍질처럼 부르튼 입술에
빨강연지 덧칠하며 웃던 엄마
흠흠거리면 땀에 어룽진 시큼한 냄새

너무 만만해서
너무 익숙해서
도시락을 열다가 후다닥 덮어버린 엄마
시장바닥의 시래기처럼 버려진 엄마
나도 모르게 엄마에게로 몸이 기울면
항아리뚜껑을 열어둔 채
눈물처럼 짜디짠 맛이 기다리고 있다

자갈자갈 자갈밭처럼
한평생이 자갈거려
대들보까지 아리게 뭉그러져도

나아는~ 괘엔~차안~ 타아~
나아는~ 괘엔~차안~ 타아~

산울림이 되어서도 괜찮다는 엄마
한 번도 괜찮은 적이 없던 엄마
거짓말쟁이 엄마

〉

노을 저편,
고춧가루 범벅인 손바닥을 비비며
생인손처럼 아린 자식들을 위해
저물도록 기도하고 있는
김치엄마.

나무의 허공

밤새 태풍이 불었다
오백년 동안 마을을 품었던 정자나무 우듬지가 찢겼다
덜렁거리는 가지를 마을 청년이 잘라냈다
우리는 모두 아연했다

나무는 안쪽이 텅 비어 있었다
보물을 허겁지겁 도둑맞은 금고 같았다
아름드리 몸통을 들여다보니 아궁이처럼 캄캄했다
오장육부와 그것들을 감싸던 갈비뼈와 등뼈가 삭아 내려
나무는 허공에 떠있었다

어떤 태풍도, 어떤 가뭄도 막아낸 그의 강건한 의지는
마을의 신앙이었다
누구도 그의 건강을 의심해 본 적 없었다

여름이면 깊은 그늘로
마을의 진땀을 식혀주던
나무는
제 안을 태워 소신공양을 하고 있었던 것이다
나뭇잎이 소신공양의 불꽃이었다는 걸
그늘이 불꽃의 눈물이었다는 걸 알게 된 우리는
나무의 허공을 채워주려고 울력을 해서 시멘트를 부었다

나무의 온몸이 안팎으로 썩어 그늘이 없어진 뒤에야
할아버지의 잇몸처럼
허공이 나무를 버티고 있었음을 우리는 깨달았다.

3월

3월은 젖망울의 달이다
어미가 되는 일은 젖망울 뭉치는 일이다
매화도 목련도 어미연습을 하고 있다
밤새 꽃샘바람 한바탕 휘몰아쳐서
무슨 일 생긴 줄 알았다
꽃샘바람에 밤새 시달리더니
젖꼭지 한결 도톰해졌다
저 망울 키워서 누구의 입속에 넣으려는가
세상을 먹이겠다고
툭툭 불거져 나오는
저 아득한 젖꼭지들을 어이할 거나.

엄마의 강*

엄마가 된다는 것은
앵두 같은 입술과 꿈꾸는 눈빛과
산 너머 꽃밭을 버린다는 것이다
제 목숨보다 더 귀하고 제 뱃구레보다 더 배부르고
제 살보다 더 아픈 살이 생겼다는 말이다

엄마의 가슴에는
세상에서 가장 깊은 강이 흐른다
그래서 '엄마'라는 말에서는 강물소리가 난다
서풍처럼 껄렁껄렁한 개차반 개울도
남풍처럼 반듯한 모범생 개울도
엄마의 강에 들면 무릎베개를 베고 눕는다

개울의 만 가지 투정에도 허리춤을 끌러
엄마는 강바닥을 훑어서 다 내어준다
우담바라보다 더 눈물겨운
개울의 엉덩이를 토닥이며 눈물로 흘러간다
쓰디쓴 소태맛을 가진 개울도
칼에 찔린 상처보다 더 아린 상처뿐인 개울도
제 홀로는 숨도 제대로 쉬지 못하는 애잔한 실개울도
엄마에게는 크리스마스선물처럼 기쁨이다

오냐… 오냐… 오냐…
그래라… 그래라… 그래라…

강물이 다 말라 사막이 된 줄도 모르고
강바닥이 다 파여 피투성이가 된 줄도 모르고.

*연극 : 엄마의 강

영산강, 어머니에게

그렇게 긴 눈물줄기 본 적 없어,
굽이굽이 서러운 목구멍마다
에둘러 에둘러 들러 나오는 두레박
옹이투성이 손바닥에 떠받든 생명수
타들어가는 어린 목을 적시고

어느 보름에는
버들아씨 바가지에 보름달로 고여 있어
청년 왕건의 자라등 같은
가뭄을 단박에 풀어주시고

걸음걸음 뗄 때마다
허기진 나그네에게 밥 차려 주듯이
봉긋한 꼭지를 열어주시는
어머니,
억겁을 하염없이 퍼주시고도
여직 성이 안 차서
밤새 달여낸 배즙을
이렇게 또
아침상에 달디 달게 올리시는지요.

잿빛다후다치마

내가 꼬막손일 때 잿빛다후다치마가 세상에서 제일 좋은 옷인 줄 알았다. 어머니 나들이 하실 때면 장롱에서 잿빛다후다치마를 꺼내 입곤 하셨는데 여름이나 겨울이나 입고 계시던 몸빼 위에 휘두르면 외출복이 되었다.

자모회가 있을 때마다
어머니는 한 번도 학교에 오지 않으셨다
오시지 않을 줄 뻔히 알면서도
잿빛다후다치마 입고 오시는 어머니를
교문 앞에서 오도카니 기다리곤 하였는데

그럴 때면 교정의 물푸레나무가 보라꽃잎을 내 머리 위에 흩뿌려주는 것이었다. 덧없이 흐르는 눈물콧물을 손등으로 닦으면 꽃잎도 같이 뭉개져서 얼굴이 보랏빛으로 물들어버렸다.

집에 들어서니 잿빛다후다치마를 입고 망연히 앉아계신 어머니의 치마앞자락이 흥건하였다. 어머니를 보자 나는 괜히 서러워져서 어머니 무릎에 엎어져 엉엉 울었다. 어머니는 내 젖은 볼을 비벼 주시고 마주보는 어머니의 눈에도 이슬 같은 물방울이 어룽거렸다.

어머니, 돌아가시고 장롱을 정리하는데 귀퉁이에 잿빛다후다치마가 고이 접혀있었다. 꽃시절 가난을 차마 내치지 못하고 안고 계셨던 것인가. 치마를 펼치니 앞자락에 눈물 같은 얼룩이 어룽져있었다.

배반할 권리

여름이 참 길었다 날씨가 고르지 못해서
나락의 허리가 휜 만큼 수확도 휘지는 못했다
그래도 고방에는 나이든 호미의 주름매듭 덕분에
제법 무게를 더한 자루가 여럿 둘러앉아있었다
늦가을 손님인 작은 아들네가 왔다
나이든 호미는 라면상자가 터지도록 이것저것 챙겨넣었다
동구 밖을 벗어나기도 전에
벤츠는 제 몸 밖으로 상자를 밀어내었다
가슴에 무엇을 담았든지 간에 귀 떨어진 허름한 상자는
고급승용차에 똘것일 뿐이었다
비밀을 포착한 염주비둘기가 통문을 띄웠다
놀란 호미는 설마설마 달려갔다
개울 둔덕에 볶은 깨며 들깨가루며 찧은 마늘이며
깨진 참기름병이 이미 살얼음 든 가슴을 후비듯
날이 선채로 흩어져 있었다
틀림없이 새벽잠을 설치고 직접 챙겨 넣은 양념들이었다
양지뜸에서 해바라기하던 노간주나무의 눈시울이
잘 익은 석류알처럼 붉어졌다
낡은 세월처럼 헐렁거리던 하늘 삽자루가 툭 부러졌다

반반한 얼굴에 그리운 이름표를 붙인 박스들이
가슴 두근거리는 대문 앞에서 택배기사를 기다리고 있다
우렁찬 울음과 함께 세상에 배달될 사랑들이여
누구에게 닿더라도 제발 쓰레기통에 처박히지는 말아라
장맛비를 뚫고 고소하게 길러낸 깻다발과

삼동의 얼어붙은 손이 지은 마늘의 향기와
그리고 나이든 호미의 땀으로 얼룩진
눈물적삼을 배반할 권리는 너에게 없느니.

초파일

어머니 절에 다녀오시면
속주머니에서 떡 한 조각을 내주셨지요
초파일이면 어머니보다 떡이 반가워
어머니 주머니 쪽을 살피곤 하였지요

이제는 딸이
잔치에서 나누어 준 떡을
핸드백에 넣어 와서 어머니께 드리지요
얼마나 맛있게 드시는지
절로 마음 그득하여지지요

어려웠던 시절 절에서는
절밥대신 떡 한 조각씩
신도들에게 나누어주었다는데

내 조그마한 입에 얼른 먹이고 싶어
가슴에 켠 연등을 흔들며
허기진 발걸음을 재촉하셨을 어머니.

‘어머니’라는 이름으로

목욕을 시킨다
운 좋게도 내 차지가 된 나이든 테라코타 한 점
조각의 제목이‘어머니’란다
성긴 마마자국마다 세월의 앙금이 까맣게 내려앉았다
때를 밀어줄 요량으로 박박 문지른다
발톱에 낀 두터운 시간도 칫솔로 닦아내었다
발톱의 때를 문질러주던 어머니
몸 갚을 때가 되자 내 길에서 사라져
아득하더니, 회오리바람에 실려
애벌구이 조각으로 돌아오신 것인가

아무도 알아채지 못한 단절의 그림자는
발톱의 땟자국 같은 해묵은 발자국을 찍어놓고
가뭇한 발자국을 지워내려는데 요지부동이다
웃음을 웃음으로 되돌리지 못하고
기저귀를 기저귀로 갚지 못한 채
불효의 흔적인 땟자국 지문이 증거로 남았다

염치없는 동냥질처럼
아무 기슭에나 마음을 들이대고
강물처럼 흘러가버린 어머니
추억을 길어 올리는 것이다.

2

누군가의 길이 되고

동행

아프리카 나미비아사막에 가면
세상에서 가장 큰 새둥지가 있다고 합니다
무리베짜는새는 수 백 마리가 힘을 합쳐
나무를 뒤덮을 만큼의 큰 둥지를 짓는답니다
그 둥지는,
길을 잃은 나그네의 길라잡이가 되기도 하고
인해전술처럼 밀려오는 땡볕을 막아주는 그늘이 되기도 하고
생활보호대상자 새들에게는 둥지를 빌려주기도 한다지요

새들은 새끼들을 위해
나뭇가지나 마른 풀잎을 물어다가
제 눈물만큼의 둥지를 지을 뿐이지만
저도 모르는 사이에
누군가의 길이 되고 그늘이 되고 집이 되는 것이지요
어느 작은 별이 애면글면 빛나는 모습만 보아도
바다가 사리 때처럼 가슴 가득 밀려올 때가 있습니다

한 생을 둥지를 짓는 데 바치는 저 작은 새가
이웃을 보듬는 사랑인 것처럼
풀꽃보다 작은 우리도
단지 한 걸음 내딛는 것만으로도
실의에 빠진 누군가에게 빛을 보내는 개밥바라기별이지요.

공동아들

우리 동네에는 공동아들이 있다
모든 목마름을 적시려는 공동우물로
마음이 휘영청 기울어지는 버드나무처럼
고실라진 시간들에게로 푸른 가지를
휘휘 늘어뜨리는 우람한 우편집배원은
소식쟁이, 안부쟁이, 심부름쟁이다
말하자면 우리 동네 만능 엔터테이너다
전기요금 전화요금 물납은 물론이요 은행입출금
간장 소주 설탕까지 할미꽃들의 손발이다

새참 무렵이면 어김없이 달려오는
공동아들의 오토바이 엔진 소리에
외로운 고막들이 버선발로 달려 나가면
엄니, 오늘 날씨 좋께 신경통도 조용하지라 잉?

샘가의 방울새처럼 낭랑하게 안부를 여쭙는
왕버들 한 그루는 시방
금방 퍼 올린 우물물 같은 다디단 사랑을
공동으로 말라붙은 할미꽃들의 가슴에
남실남실 배달 중이다.

즐거운 제물

고비의 유목민에게 제물을 바치는 일은
제물을 산 채로 놓아주는 일이다
사는 일이 천국 같은 에덴에서는
죄를 대속하기 위해 제물을 죽이고
사는 일이 지옥 같은 고비에서는
죄를 대속하기 위해 제물을 살린다

제물이 되어
자유롭게
고비로 돌아가는 흰 낙타 한마리
주인은 낙타에게
지금부터 너는 달빛처럼 자유롭다며
마지막 인사를 하고
낙타는 쌍봉을 흔들며 고향 고비로 즐겁게 돌아간다

가을배추처럼 꽉꽉 채워가던 무거운 시간도
차가운 설원을 맨발로 걷다보면
얼다가 녹다가 그렇게 가벼워져서
향기만 남겨진 봄동의 계절이 올 것이다

봄이 오면
죽인 제물도
산 채로 놓아준 제물도
꽃으로 돌아오리라
어느 꽃이 나의 죄를 대속했을까?

고담주머니

사람은 죽으면 이야기꽃이 된단다
무덤이 봉그랑한* 이유는
달빛 같은 사연들로
고담주머니의 뱃구레가 불룩하기 때문이란다

울퉁불퉁한 생의 돌팍길에 폭삭 넘어져
길동이를 낳은 좀녀*는 이어도처럼 손짓하는
전복 한 마리에 마지막 숨을 놓았단다
등 한 번 두드려주지 않고 길을 삼키는 하니보름
벌떡벌떡 일어선 길의 수만큼 구멍이 뚫린
저 구멍쟁이 주머니들
돌미용한* 별을 향해 벼랑을 기어오르고
설운 달빛의 머리끄덩이를 잡아 흔들었단다
골갱이*로 도로갱이*의 가슴을 후비며
돌맹이 한 개씩 돌담에 얹을 때마다
고마독새*처럼 끊임없이 지저귀는
한숨과 땀과 눈물을 석장시켰단다

진흙탕에서 꽃대를 쏘아올린 연꽃처럼
그렇게 고담주머니들은
진흙탕의 설움을 말깡하게* 지우고
봉그랑한* 이야기꽃을 피우기 위해
자미성이 반짝이는 한여름 밤이면
매듭의 고를 은근슬쩍 풀어놓는단다.

*제주방언들

호미

1. 완장

원죄는 완장에 있었다. 호미가 굽은 허리의 기형아로 태어났을 때 노예시장에서 실한 일손을 가리키듯 대장간 시렁에 걸려있던 그를 누군가 손짓했다. 그의 과업이 수십 줄의 직선으로 암호화되어 자물쇠 채워진 바코드완장에 보관되었다.

2. 명령어

바코드는 이미 포맷된 그의 머릿속에 일 기가의 명령어를 저장해두었다. 제 동족을 잡아먹는 문어처럼 제 핏줄인 잡초를 격파하며 그는 성장했다. 일 기가의 무진장한 힘으로 실뿌리까지 깡그리 삭제하였다. 최초의 주문 사양대로 지칠 줄 모르고 눈만 뜨면 또 다른 저와 팔매질을 하였다.

3. 의문

먹는 밥맛이 다르고 옷의 때깔이 다르고 웃는 이유가 다르므로 삼대를 멸해야한다는 명령에 한 점의 물음표도 없이 그는 복종하였다. 팔매질에 길들여진 호미는 손톱이 꺾이고 밭두렁의 한숨이 짙어지면서 독한 마름 같던 바코드가 헐거워졌다. 문득 옆 밭을 갈아엎는 누렁이의 서러운 워낭소리가 들판을 흔들었다.

〉

4. 마실

나이든 호미는 하반신만 남겨둔 채 한나절씩 강 건너 밭두렁까지 마실을 돌았다. 어쩌다 상하반신이 한 몸으로 합쳐진 운 좋은 날에도 짐짓 헛발질만 하다가 저에게 잡아먹힌 잡초들의 어린 것들을 슬몃 놓아보냈다.

5. 유배

화가 난 주인이 호미를 헛간 시렁으로 유배 보냈다. 인심 좋은 아침햇귀가 구석진 시렁까지 따뜻한 귀를 내미는 날이면 호미는 풀삼시랑들의 안부를 묻곤 하였다.

돌하르방 장공익

돌명장이라는 하르방을 만났다
자신이 조각한 돌하르방처럼 소박한 매무새의 하르방은
그 흔한 마스크 한 장 쓰지 않고
돌 속에 가부좌로 들어앉아있는 제주의 혼을 끄집어내고 있었다

돌은 저를 밟고 지나간 바람의 발자국을 기억하고 있다
돌들의 사연이 제주 앞바다처럼 남실거려
하르방은 늘 이야기바다에 떠있다
가슴에 뻥뻥 구멍이 뚫린 제주할망 같은 용암석을
찬찬히 들여다보면
한 줄기 바람으로 스쳐간
비바리 넹바리 아즈방 아즈망 좀녀 하르방 홀아방들이
눈물처럼 빛나고 있다

소라껍질 같은 아득한 귀에만 들리고
왕방울 같은 먼 눈에만 보이는 저 대하소설들
그래서 하르방은 팔순의 고단한 손을 멈출 수가 없다
폭삭 속았수다예*
한 마디로 위로받는
망망대해에 흔들리는 나뭇가지 같은 시간들이
고담주머니에서 풀려나온 이야기처럼
돌 밖으로 걸어 나오고 있다.

*매우 수고하셨습니다의 제주방언

가을로 가는 승천보

승천보에 가면 만날 수 있으리라
푸른 마음엔 뭉게구름 하얗게 부풀어 오르는데
어서 오라는 듯 갈바람이 가을의 초입을 정갈하게 쓸어 두었다
연분홍 자주 하양으로 염색된
코스모스 손수건이 기다림처럼 나부낀다
다시는 젖지 않겠다고
달라붙는 물기를 툴툴 털고 뭍으로 올라선
억새들이 눈물꽃을 피우고 있다
지긋지긋한 상처가 꽃으로 피어나고 있다
떠나지 못하는 이유가 고봉밥 같은 저 다리 때문이라고
마음 둘 데 없는 저 구름 때문이라고
하롱하롱 물든 저 노을빛 때문이라고
개망초꽃 망설이며 고실라지는데
이제 막 심지를 돋운 초승달이 하늘 창에 내걸린다
어디쯤 오고 있니
기다리는 마음은 벌써 다리를 건너
코스모스군락을 헤치고 억새밭에 뒹군다
잡을 수도 놓칠 수도 없는
아픈 계절이 영산강처럼 흘러가고 있다
만남과 이별의 경계에서
자전거길이 시간의 바퀴를 굴리고 있다
나는 지금 어디에 있는가
돌이켜보면 나의 길은
너에게로 돌아가거나
너를 기다리는 도중이었다.

유달산 경전

유달산은 한 권의 경전이다
손가락 몇 번의 조작으로 사뿐사뿐
걸어온 해발228m의 유달산은 쉽게 읽히지 않는다
엄지손가락에 침을 넉넉히 묻히고 힘을 잔뜩 넣어
작은 거인의 역사를 한 쪽 한 쪽 넘기면
사는 일이 제 몸을 깎아 부처를 조각해내는 일이라는 걸
닻을 끌어올릴 때마다 불끈불끈 자지러들던
이두박근의 고통이 깎아지를수록
웃으며 제 상처를 딛고 오르는 덩굴손에게,
생살을 움푹 파내어 디딤돌을 만들어준다
마마자국이 미륵부처의 볼우물 같다
한 걸음 돌계단을 오를 때마다 또 다른 경구를 들려준다
아무리 고달파도 그곳에서는 눈물이 노래로 몸을 바꾼다
허기진 마음을 움켜쥐고 하늘을 보면
노적봉이 가난한 마음을 채워준다
낮잠에 취한 용의 머리를 마당바위에 재워두고
푸른 쟁반에 떠있는 또 다른 나의 일상을
유선각에 앉아 한 잔의 차처럼 음미한다
제일 높은 곳에 오르면 기댈 곳이 없다고 일등바위는 넌
지시 일러준다
허리가 약한 나는 일등바위는 남겨두기로 한다
일등이란, 발가벗겨져 만인의 심판받는 일이라는
마지막 경구를 다도해로 되돌려준다
낮게 낮게 엎드려 새들의 의자가 되어주는 섬. 섬들
내려가는 발걸음이 바쁘다
어서 낮아져서 누군가의 돗자리라도 되어야겠다.

피어날 때부터 저물 때까지 지켜보는 그 누구 있어

그 끝이 어디일까
눈을 감고 더듬어도 흐릿한 당신
생의 문턱 언저리쯤
사립문짝에 기대어
나를 기다리고 있을 기도여,

만져보고 싶고
얼러보고 싶고
어름 받고 싶다

언제쯤 손이 닿을까
폭풍우 속에서도
칠성판의 지옥에서도
모든 적의의 숲속에서도
견디고 견디고 견딜 수 있는 것은

내 영혼을 어루만지는 지극한 눈빛
피어날 때부터 저물 때까지
두 손 모아 마음 졸이는
당신의 기도 때문이다.

노을 꽃밭

보건진료소 하얀 벽에 노을 꽃밭이 걸려 있다
사금 든 꽃, 고실라진 꽃, 검버섯 잔뜩 피운 꽃
기역자로 휘어진 꽃들이 이글거린다
언제 찍혔나, 저 꽃밭
들여다보니 구멍이 뻥뻥 뚫려있다
시간의 직업은 구멍 뚫는 일
폐가에 늘어나는 구멍처럼 꽃들의 옆구리에 구멍이 늘어간다
뚫린 구멍을 통해 바람 한 줄기 불어나가고
눈물이 방울방울 걸어온다

동그란 약으로 노역과 시간의 구멍을 메우고
안마의자의 안마를 받아야 하루를 건너는 꽃들
달달한 차 한 잔씩 나누며 저녁놀이 타오른다
더 이상 잊히지 않으려는
기억의 호미질에서는 캄캄한 목초액만 올라온다
어느새 숯처럼 타버린 시간들
길은 점점 어두워지고 구멍이 아가리를 벌려도
무성한 풋것과 맞닥뜨려 지는 법 없다
푸른 풋것들 노욕이라 꼬집지만
그 노욕이 저녁놀을 저리 뜨겁게 사르는
용기의 숯이다.

향기

아파트입구 쪽으로 걸어가는데
누군가 잰걸음으로 다가오더니
나와 보폭을 맞추어 걷는다
돌아보니 사내애다
몇 살이에요?
너는 몇 살이니?
나는 일곱 살이에요.
나는 예순 살 할머니다
예순 살… 할머니 아닌데요.
…?
그리고 갈림길에서
'안녕'하고 헤어졌는데
햇살이 회색구름을 젖히고 '쨍'하고 빛났다
능소화가 내 발길에 '툭. 툭. 툭.' 떨어졌다
매미들이 '쓰쓰쓰' 옥타브를 올리고
하늘에서 향기가 '↓↓↓' 강림했다

남편에게
'나, 일곱 살 남자가 따라온 여자야' 했다

'착각은 자유…'라고
뭇매 맞았지만
이 향기!
내 추억의 후각에 '오래오래' 머물 것 같다.

꼭지에게

수도꼭지에서 물이 나온다
콸콸콸
보시의 마음이 쏟아진다

꼭지만 보면 눈물이 난다

꼭지에서 방울방울 흘러나오는 것들은 모두가 사랑이다
꼭지는 모두 밖으로 향한다
꼭지는 제 몫을 챙기지 않는다
저를 비틀고 짜서 뭇 생명을 먹여 살리는 것이 꼭지다

젖꼭지를 빤 아기는 사람이 된다
사과꽃꼭지에서 살찌운 사랑은 사과가 된다
오이꽃꼭지에서 길어난 정성은 오이가 된다

나무나 꽃이나 사람이나 지구의 꼭지다
발이 없는 나무나 꽃은 꼭지의 길을 가는데
발이 달린 꼭지는 제 길을 가지 못한다

꼭지만 보면 눈물이 난다

제 길을 가는 꼭지는 부모생각이 나서 눈물이 나고
제 길을 가지 못하는 꼭지는 자식생각이 나서 눈물이 난다

꼭지만 보면 눈물이 난다.

사도*에서 온 편지

사도에서 편지가 왔다
고백할 게 있으니 정월대보름날 꼭 다녀가란다
고기 잡는 늙은 아비의 등에 업혀 돌아오는 클레멘타인처럼
나는 내 노래를 기억하는 오두막이 필요했다
갯바위는 기다림이 웅덩이처럼 고여 있었다

심장이 쿵쾅거렸다
공룡이 무릎을 꿇었다는 사도는 내 유년의 꿈인 중생대였다
언젠가 가슴에 구멍이 뚫리는 날
사도에 가면 치유되리라고 나를 위로했다
돌아갈 곳이 있어 편안해지는 저녁처럼
사도는 언제나 노을 아름다운 나의 피안이었다

고백을 하듯 달이 사도의 몸을 열었다
처음부터 한 몸이었다는 듯
일곱 개의 가슴이 한 번의 칼질에 곱창처럼 연결되었다
절개된 가슴에는 유대류처럼
숨은 젖줄이 은하수처럼 흐르고 있었다
젖꼭지마다 작은 명줄들이 기운차게 젖을 빨고 있었다
사도는 가슴마다 저토록 많은 명줄들을 품고 있었구나
순간 내가 외면한 명줄들을 떠올리며
나도 모르게 사도에 무릎을 꿇었다
7000만 년 전에 티라노사우루스가 그랬듯이
클레멘타인이 아비에게 그랬듯이.

*사도 : 여수의 섬

향일암에서 관음을 만나다

어두웠다
파산한 신용불량자처럼 걸음걸음이 절벽이었다
양파껍질 벗기듯이 어둠의 껍질을 벗겨가며
생의 새벽을 만나려고 해를 찾아 가는 길
해돋이길 일번지라는 원효의 좌선대 앞에 서면
세상의 새벽을 연 원효처럼
부비트랩 같은 어둠을 밀어내고
생의 새벽을 다시 맞을 수 있을 것인가
아직 잠이 덜 깬 십육분음표 실바람들
한 가닥 삼킬 때마다 가슴이 따뜻해진다는
돌산갓김치 같은 불덩이 한 개씩 품에 안고
거북이의 등을 타고 용궁에 가듯이
금오산 등줄기를 타고 해에게로 간다
앞서가는 길은 아직 어둠인데
종점처럼 막다른 바위가 해탈의 문을 연다

바다의 시작에서
깎아지른 좌선대에 앉아 원효가 본 해를 기다리는데
갑자기 환하다
동백나무 푸른 잎도, 풀잎에 맺힌 이슬도, 엄중한 바위도
사람이 만든 해수관음도 거북이조각들도 환하다
자세히 보니 모두 웃고 있다
관음처럼 눈꼬리 입꼬리로 웃고 있다
합장하는 손도 구부리는 등허리도 웃고 있다
그 순간만은 관음처럼 온 세상이 웃고 있었다

〉

관음의 웃음에 감복한 바위도
제 만 근의 뱃구레를 갈라 길을 내고
찰나의 깨달음으로 원효는 해가 관음이란 걸 알았으리라

생의 새벽을 바라고 온 향일암에서
관음을, 세상의 웃음을 만나고 간다.

태극나비

나주는 날개가 삼백예순다섯인 태극나비
일 년의 하루가 태어날 때마다 날개가 하나씩 돋아났네
삼백예순다섯 장의 날개가 돋아나던 날
나주는 모든 그리움의 성지가 되었네

출렁이는 영산강이 붉은 해를 낳으면
나주는 한 마리 태극나비
날갯짓 한 번에 세상의 꽃들이 깨어나네

삶에 지친 꽃들이 더 이상 꿈꾸지 않을 때
바람은 나주로 불어오네
시간의 마디마디에 접혀있던 날개는
육신의 눈보다 아름다운 영혼의 눈을 가졌네

삼백예순다섯의 날개마다
누구의 가슴도 무너지지 않기를
배꽃의 눈망울이 흐려지지 않기를
촛불을 밝힌 금성산은 기도하네

날개는 캄캄한 번데기시절을 견디며
달빛 어룽진 어느 밤길에 젖고 있을
외로운 꽃들이 돌아오기를 기다리네

태몽이었네
나주가 태극나비로 우화하는 날

세상에 흩어진 꽃들은
탯줄이 풀리듯 삼백예순다섯의 날개를 퍼덕이며
살아생전 꼭 한 번 돌아와야 한다네.

머나먼 눈물

–백도에게

오래된 눈물은 역사가 된단다
종유석이 자라듯이
육화된 눈물이 방울방울 쌓인 섬이 있단다
한 방울의 눈물도 허투루 흘러내리지 않게
옹골차게 틀어쥔 저 이두박근
뿔쇠오리에게 날개가 돋기 전 이야기지
풍란처럼 뭉쳐 다니는 조기떼를 쫓아
고래가 바다로 돌아가기 전 전설이지
바다가 폭군이었을 때
처자를 지키려던 성난 아비의 뜨거운 눈물이지
노를 젓는 아비의 이두박근이
바위가 되어가는 것을 보며
고사리 같은 아들의 조막근육도 커갔지
아비가 돌아오지 않으면 아들이 노를 잡았지
또 그 아들이 바람과 샅바를 겨루고
또 그 아들이 파도와 힘을 다투다가
부서진 희망만 바닷가에 쌓여갔지
어미와 아내와 자식들의 눈물도 쌓여갔지
그렇게 쌓인 눈물의 시간이
서로 안고 토닥이며 단단한 근육을 만들었지
아무리 사나운 파도에도
미동도 없이 견뎌낼 바위가 되었지.

느슨해지다

실금이 간 시멘트방조제의 틈마다
대사리들이 옹기종기 붙어있다
대사리껍데기를 뒤집어쓴 아기별들이 꼼지락거리고 있다
남녀노소 검은 비닐봉지 하나씩 들고 별을 따 담고 있다
된장 풀어 저 별들 가득 넣어 국 끓이는 저녁
밥상은 은하수처럼 빛날 것이다

삶의 저녁거리도 저토록
생의 틈새에서 자라고 있으리라
노을이 느릿느릿 타는 이유 알겠다
요실금처럼 기억이 샌다
육신의 문마다 틈이 벌어진다
단속이 안 된다
틈을 없애려고 끙끙댈수록
이빨이 빠지고 머리가 성기고 위산이 역류한다
노을 된장국에 넣을
짭조름한 별들이 자라고 있음이다.

아버지의 사진관

오랜만의 고향 나들이에서
오래된 사진관의 윈도우를 들여다본다

먼지구름 이불삼아 꾸벅거리던 사진도 윈도우 밖의 나를 내다본다. 다섯 살 무렵 읍내 유일한 사진관에서 아버지와 찍은 사진이었다. 아버지는 내 작은 손을 꼭 쥐고 있었다. 불룩 솟은 푸른 힘줄이 내 손을 감고 있었다. 옷차림도, 표정도 그대로인데 피부만 저녁노을에 누렇게 타고 있었다. 사진은 언젠가 되돌아가 끌어안듯이 중첩되고 싶은 의지다. 사진이 붙들고 있는 시간들이 콸콸콸 내게로 흘러들었다. 아버지의 자전거 앞자리에서 깔깔대는 웃음소리가 들렸다.

유리가 반듯하게 접은 시간이
삼십대의 아버지와 다섯 살의 나
삼십대의 나와 다섯 살 내 아들의 데칼코마니를 만들었다
닮기 싫은 상처에서 시간이 엉겼다

아버지는 도시의 이방인이었다. 가족의 생계를 어머니에게 떠넘긴 아버지, 늘그막에 폐암에 걸려서도 그까짓 담배 하나 못 끊는 아버지와 나는 눈도 마주치지 않았다.

포개진 부자의 손을 보자 윈도우가 흐려졌다
막아선 유리창이 뿌옇게 흐리다가 녹아내렸다
아버지와 나의 시간이 손을 잡았다

아버지와 나의 상처가 포개졌다
내려앉을 곳 없는 민둥산을 헤매는 적막한 바람이 보였다
순간 내 손에서 푸른 힘줄
한 가닥 불룩 돋아나 아버지의 손을 휘감았다.

이빨이 빠지다

초등학교 입학식처럼 앞으로 나란히
가지런하던 마을회관 잇바디에 구멍 뚫린다
릴리리~릴리리~ 영구도 아니고…
서너 달에 구멍 한 개씩 뻥뻥 뚫려 옆구리가 캄캄해진다
저 캄캄한 구멍들도 하얗게 빛나던 시절 있었다
눈만 뜨면 논밭으로 출근했다
호미자루 수십 개 빠지는 동안
제 몸자루도 녹슬어서
얼기설기 새끼줄로 엮어
걸을 때마다 덜커덩거렸다
밤이면 회관에서 10원 내기 화투에 씩씩거렸다
옆지기 송곳니가 욱신거리면 자식 대신 약도 나누고
머리에 물수건도 얹어주었다
이빨 한 개씩 빠질 때마다
회관 가슴속에도 구멍이 하나씩 뚫려
뚫린 구멍이 시린
남은 이빨들은
회관이 춥다고
문 닫으라고
닫힌 문을 닫고 또 닫다가
구멍 난 자리를 쓸어본다
어제까지 오물오물, 떡국 같이 먹던 이빨이 사라졌다

몇 달이 지나면 또 꿈처럼 구멍 하나 뚫릴 것이다
사라진 이빨들은 지붕 위에서 까치를 기다리고 있을까

까치는 냉큼 새 이빨 물어오지 않고
뭘 하누?

고방태 과수원에서 배서리에 골몰하던
까치는 멜갑시 가려운 귀를 문질러댄다.

밀가루와 밀가리 사이에는 두 개의 강이 있다

밀가루와 밀가리 사이에는 ㅜ와 ㅡ 라는 강이 있다
밀을 빻아 만든 '가루'가 두 개의 강을 건너면 '가리'가 된다
타워팰리스에서 강을 건너면 반지하월세방이다
백화점마트에서 강을 건너면 재래시장이다
명품이 강을 건너면 짝퉁이 된다
사람과 사람 사이에도 강이 있다
시간과 시간 사이에도 강이 있다

잇몸질환이 심해지면
허방처럼 흔들리다가
주인도 모르는 사이에 추락하는 이빨들
그 틈새로 바람이 새면
멋진 포장지에 향기도 아름다운 밀가루는
허드레 양은종지에 덜어 파는 밀가리가 된다
건너고 싶지 않지만 건너야만 하는 강처럼
흘러가기 싫지만 흘러가야하는 물처럼
밀가루는 강을 건너고 흘러서 밀가리가 된다

강을 건너보면 안다
밀가리의 동네로 접어들었다는 것은
볏짚 한 단에 달려있는 눈물방울의
무게를 가늠할 능력이 생겼다는 것
짝퉁을 허리춤에 달고도

'꼬꼬잡년'을 껌처럼 질겅거릴 줄 안다는 것
재래시장에 퍼질러 앉아 시시콜콜 덤도 챙기고
손 떨리는 수전증 망구구름의 시금치더러
시들었다고 잔소리해가며
못이기는 척 떨이도 해준다는 것
난생처음 새시로 만나는 강에도
ㅠ처럼 유유해지고 ㅡ처럼 스스럼없어진다는 것이다.

산소호흡기

며느리에게 칭찬 한 마디 해준
적 없는 시어머니 돌아간 날
석삼년 시집살이 쪽으로는 오줌도 안 누고
향그로운 남편과 손바닥만한 밭뙈기
벌과 꽃처럼 붙여먹으리 했다
설날 아침의 불운은 천식환자의 발작처럼
그녀의 숨통을 조였다

시어머니가 돌아간 사흘 뒤, 남편도 돌연
청춘과부였던 어머니 옆자리에 봉분으로 누웠다
지골맞았다고 동네참새들이 며느리의 상처를 물어날랐다
북받치는 것들이
생의 기관지에서 경련을 일으켰다
야금야금 숨길을 갉아먹는 절망 너머
폐포에 바람벽이 남아있다는 걸
쇠붉은빰멧새가 달동네 고샅처럼 막막하게 휘돌아간
그녀의 귓바퀴에 속삭였다
아직 버터야 할 자식들이
기관지에서 가래로 끓어오르고 있었다

버거운 등짐에 쇠락해가는 늙은 노새 같은
그녀의 허파에 산소를 불어넣어주는
이웃사촌들이 있었다
영이네는 미음을 써오고
순덕이네는 아이들을 거두었다

종해아제는 아침저녁으로 외양간을 살폈다

산소 같은 이웃들이 인공호흡기처럼
그녀의 박복한 숨길을 열어주고 있었다
민들레가 재채기하는 봄이 오고 있었다.

새벽의 손금

아직 새벽의 눈꺼풀이 무겁다
이런, 풀기가 없구나
어머니가 마포 속곳에 풀을 먹이듯
새벽은 찹쌀풀 대빗자루로 졸음의 내리막길을 쓸어내린다

마포 속곳처럼 빳빳해진
새벽이 희망불량 정씨의 희망회생 자격을 투시한다
햇살에 부신, 원피스 속내처럼 감정선이 수줍게 들여다보인다

요철의 육보시에 기대어 허공을 기어오르는 덩굴손
눈물이 요철이 되어 새벽의 손금을 그어가고 있다
미화원의 야광조끼에도 눈물처럼 투명한 요철이 서너 개 박혀있다
달려오던 자본이 그의 눈물을 알아보고 욕망의 속도를 줄인다
버려진 박스들이 신용이 펑크 난 리어카를 머리에 이고 간다
생명선이 저녁놀처럼 후들거리는
라면박스가 노숙자의 언 몸을 덮어준다

힝힝거리며 달려 나가는 우유병, 신문다발의
갈기가 순국열사의 태극기처럼 휘날리면
새벽의 희망선은 살을 먹인 활시위처럼 부풀어 오른다

멈추지만 않는다면 희망봉까지 갈 수 있다고
두뇌선이 가난한 항로를 부추기자
신흥희망을 잉태한 운명선이 아침놀 같은 기지개를 켠다.

한글은 사랑이다

젖을 물리고, 젖을 한가득 머금은 아기의 볼따구니를
웃음으로 바라보는 어미의 눈길이 한글이다
그 눈길에는 사랑이 박음질로 박혀있다
한글은 까치밥이다
한겨울 텅텅 빈 자연의 곳간에서
허기진 까치가 굶어죽지 않도록 남겨둔 눈물이다
한글은 홍시다
이빨 빠진 나이든 호랑이를 위해
저를 부드럽게 녹인 홍시의 보시다
한글은 홍어다
삼복더위에도 썩지 않고 저를 삭혀서
가난한 사람들의 밥이 되어 준 홍어의 마음이다
한글은 세종대왕의 샘이 깊은 사랑이다
집현전 학자들의 뿌리 깊은 기원이다
한글은 모든 사람을 이롭게 하는 홍익인간이다
한글은 단군이고 배달민족이고 지구촌이고 우주의 향기다
한글은 남실거리는 강이고 그늘 깊은 정자나무고
비를 품은 마파람이고 잘 여문 나락이고 품 너른 평야다
누구나 깃들여 농사짓고 탑을 쌓고
서로 어우러져 웃는 고향이다
한글은 버선발로 달려 나오시는 어머니고
뒷짐 지고 흠흠 헛기침으로 반가움을 감추시는 속 깊은 아버지다
누구라도 한나절만 머리 싸매면
저희의 마음을 한글로 풀어쓸 수 있다
한글은 사람과 사람을 건너는 뿌리 깊은 징검다리다
별과 별을 건너는 샘이 깊은 사랑이다.

꽃밭에 꽃

앞집 노안양반은 울타리를 텃밭으로 삼기로 작정하였나 보다. 하긴 울타리의 특성을 살펴보면 제법 살뜰한 생각이긴 하다. 그 쩍 벌어진 가슴팍을 타고 넘자면 아무리 셈이 짧아도 발바닥 넓이의 수백 배는 너끈하겠다. 그렇지만 아무리 의욕이 앞서도 그렇지, 원 세상에! 오이, 호박, 수세미, 조롱박까지 한 울타리에 모종을 하고 날마다 들여다보다니.

나도 호기심에 가끔씩 내다보며 아무래도 주인의 욕심이 지나치지 싶은데, 모종들은 제 나름대로 키를 키우고 손을 내밀어 아스라한 절벽타기를 시작하였다. 비 한 번 오면 금세 장정 어깨넓이만큼 벌어지는데, 재들이 한 번은 큰 싸움 나지 싶어 불안불안하였다.

야금야금 간격을 좁히던 녀석들이 지난 폭우에 드디어 서로의 영역을 침범하게 되었다. 그 중 약한 아이가 꺼꾸러졌을까봐 살펴보고, 다음 날 또 살펴보고 하였다. 웬걸, 얘들이 날로 번성하여 울타리는 아예 푸른 외투를 두르고 있다. 푸른 겉옷 위로 오이꽃, 호박꽃이 가로 무늬를 짜고 박꽃 수세미꽃이 머리를 조아리며 씨줄을 드리운다. 하얀 마음이 다소곳 나비를 부르면 샛노란 마음들은 드러내놓고 꿀벌을 재촉한다.

다가가보니 걱정했던 뒤엉킴도, 패대기질도 없이 손에 손잡고 마치 파티를 벌이듯 어우러져 있다. 초등학교 동창생 눈망울 같은, 설령 엉겨 붙는다 해도 툭툭 털고 일어나 왁자지껄 어깨동무하고 노래 부를 저 아이들에게 나는 과연 어떤 피투성이 사투를 근심했던 것인가.

나무의 생인손

겨울 은행나무
빈 가지에 비닐봉지 펄럭인다
어쩌자고 나무는
저 민망한 비닐봉지를 붙잡고 있는 것인가
바람을 따라가겠다고 우우 목 놓아 우는
비닐봉지
나무는 여린 손에 더욱 힘을 준다

작년 가을 13층 베란다에서 몸을 던진, 철이의 몸을 엉겁결에 받아 안은 나무는 무심코 손을 뿌리치고 말았다. 떨어져 내리며 여짓여짓하는 철이의 눈과 마주친 나무는 밤새 오한이 들었다. 삽시간에 나무의 잎이 모두 떨어져버렸다. 다른 나무들이 황금의상으로 가을을 향유할 때 나무는 벌거벗은 몸으로 오욕을 견뎠다. 아무리 날카로운 비웃음도 철이의 마지막 눈빛보다 아프지 않았다.

그렇듯 아픈 계절이 지난 후로
나무는 손에 잡은 것은
무엇이든 차마 놓지 못했다.

심장의 눈

심장에도 눈이 있다
세 번쯤 당신과의 만남 뒤에
심장은 눈을 뜬다
심장의 눈이 보는 것은 세포벽 안쪽
마음의 깊이다

옷맵시와 말솜씨와 은근한 웃음으로
얇은 마음을 견고하게 가려도
당신의 벌거벗은 얼굴이 보인다

아름답게 꾸미고
향기롭게 날아도

속일 수 없어라 심장의 눈
무서워라 심장의 눈
미더워라 심장의 눈

심장의 시력은 박동의 빠르기와 진폭이다
박동의 파도가 잔잔할수록
당신은
풀꽃들이 땀을 식힐
이파리 촘촘한 참나무다.

선산아짐

쿵 소리에 선산아짐이 의식을 놓자 놀란 이웃들은 119구급차를 부른다, 열 손가락을 바늘로 딴다, 난장처럼 법석거렸다. 서울에서 황황히 내려온 아들은 인공호흡기로 기도(祈禱)를 불어넣고, 객담처럼 끈끈하게 달라붙는 핏줄의 울부짖음에 아짐의 앙다문 눈꺼풀이 뜨겁게 일렁였다. 심연에서는 농축된 기다림이 그르렁거리면서도 여든 셋 외로움에 지친 기침은 기관지 문밖으로 걸음을 내딛지 못했다. 억지로 불러내는 석션튜브에 달 없는 밤길처럼 적막한 기억들이 시커멓게 뽑어져올라왔다.

어느 하늘인들 만만할까만
어느 강물인들 막막하지 않을까만
열여덟에 팔삭동이 유복자의 어미가 된
청춘과부의 하늘은 너무 높고
강물은 너무 깊이 흘렀으리라

널뛰기하듯 출렁이는 생의 리듬을 거부한 심전도그래프는 진양조처럼 끝도 없이 한 곡조로 늘어졌다. 그런 아짐을 '죽음복' 탔다며 나이든 달들은 부러워했다.

오지랖 널찍한 정자나무처럼 자신의 넋두리보다는 이웃의 속말에 끄덕여주던 아짐은 울화를 식혀주는 서늘한 그늘이었다. 오 척도 못 되는 작은 체구로 얼러준 눈물이 어찌나 많든지 아짐 가신 뒤에 남겨진 눈물들은 정자나무 한 그루씩 저마다의 가슴에 심었다.

〉

울화의 뙤약볕에 심장 벌떡거리는 날이면 아짐네 빈 마당에는 느닷없는 눈물들이 웅성거렸다.

전학가다

(7년 전 사고로 양팔을 잃은 독일농부는
세계 최초로 양팔접합수술에 성공한 독일의료진에 의해서
익명의 제공자의 팔을 자신의 팔로 얻게 되었습니다.)

농부는 환하게 웃으며 카메라 앞에서 이제는 자신의 팔이 된 익명의 제공자의 팔로 머리를 빗어보였습니다. '와와와' 환호하며 현대의학의 눈부신 발전에 박수쳐야 옳을 일이었습니다. 익명의 제공자가 어떤 연유로 사망해서 그 팔을 제공했는지 궁금해 하면 안 되는 일이었습니다. 농부의 웃는 얼굴 에 가려진 어두운 팔이 마치 엄마 따라서 남의 집에 놀러갔다가 대책 없이 움츠러들던 내 어릴 적 눈망울 같아서 나는 자꾸만 눈이 시려오는 것입니다.

전학 간 교실 교단에서 선생님이'전학 온 아이야, 친하게들 지내라' 하고 소개하면 검은 화살들이 득달로 달려와서 나에게 꽂혔지요. 몸을 비비 꼬던 과녁은 지금 저 독일 농부의 다른 지체로부터 쏟아지는 손사래에 심장을 찔리지는 않았을까요? 그래서 거부당한 두 팔이 마음의 상처를 이겨내지 못하고 덜컥 실뿌리를 거두어들이지는 않을까요? 아니면 미래의 짝꿍이 달려 나와 어깨동무하고 빈자리로 안내해줄 때처럼 맞지 않는 아귀를 좁히거나 늘여서 근육을 짜 맞추고 막힌 혈관을 열고 잘려나간 신경을 이어 제 식구로 받아들이고 있을까요?

농부의 표정을 보니 아무래도 뒤쪽이 맞는 것 같아 휴~ 안심이 되는군요. 옮겨 심긴다는 것 그것, 물설고 하늘 설고 바람 선 학교로 전학 가는 일이 말처럼 쉬운 일은 아니거든요. 모쪼록 전학 간 두 팔이 잔뿌리 잘 내려서 농부와 일심동체, 한 몸이 되기를 간절한 마음으로 기도해보는 것입니다.

닳아진다는 것

싱크대 맨 아래서랍을 여니 닳아진 놋숟가락이 가부좌를 틀고 있다. 지금 무슨 화두로 수행 중이신가?

쓸모없어졌다고 뒷방에 치워둔 어머니를 불러내어 추억처럼 감자를 벗긴다. 감자 깎는 기구로 벗길 때는 한 움큼씩 떨어져나가던 감자속살이 숟가락으로 벗겨내니 표피만 얇게 벗어진다.

"오냐오냐, 그렇게 살살 다루어야지. 감자가 키워낸 아까운 살 몽땅 깎아내면 안 되느니라."어머니 잔소리 들린다.

'닳아졌다'는 말

날선 촉수들이 하나씩 잘려나갈 때마다 가슴살도 푹 파이며 겪을 것 안 겪을 것, 볼꼴 못 볼꼴 다 살아내어서 돌팍에 넘어져도 눈물 몇 방울 찔끔거리지도 않고 하늘 한 번 쳐다보고 훌훌 털고 일어나는 저 풀꽃처럼 짓밟히고 짓밟혀서 닳아진 생들.

닳고 닳아 시멘트바닥 같던 외할머니의 거친 손바닥이 한 번 지나가면 가렵던 등짝이 바람 잔 것처럼 시원했다.

뿌리 깊은 나무는 닳고 닳은 삽만이 상처 없이 캐낼 수 있다.

보이지 않는 길

맹인 홀로 걸어간다
아슬아슬하다
앞에는 작은 맨홀 뚜껑이 열려있다
무심한 지팡이가 비켜 짚자
왼쪽 발이 맨홀에 속절없이 빠지고 만다

맹인은 주저앉더니 천천히 발을 빼내고
벗겨진 신발을 주워서 다시 신고
똑똑거리며 멀어진다

멈춰 섰던 뭉게구름자동차,
가던 방향으로 붕붕거리고
에돌아 안고 있던
회오리바람들 나뉘어떠난다
서로를 끌고 가는
저 보이지 않는 길.

음덕(陰德)

정자나무 그늘에서 땀을 식히며
누군가 시작한 돌탑에 정성 하나 보탠다
돌멩이마다 작은 기도 하나씩 품고
하늘 향해 한 뼘씩 돌탑 키가 자란다

논배미 개안하게 갖춰놓고
날마다 흐뭇하게 바라보는데
아니, 벼 사이로 쭝긋쭝긋 올라오는
저 화상은 분명 '피'라는 놈 아닌가?

이웃 논이 몇 년째 묵정논으로 묵히더니
거기서 웅성거리던
풀씨, 피씨 내 논으로 다 날아들었다
그놈들 잡겠다고 제초제 흠씬 뿌렸더니
옆집 밭, 통곡소리 뒷들을 흔든다
내 논에 뿌린 제초제에
옆집 밭의 콩잎 깻잎까지 다 말라버렸다

나 혼자 농사짓는 줄 알았더니
이웃 논이 내 농사 거들었고
옆집 밭도 내가 돌보았었구나

세상만사가 서로 기대는 것을
세상만물마다에 연리지처럼 손 내민 핏줄이 보인다.

3

마늘을 위로하다

마늘을 위로하다

심산유곡에서 유기농으로 길렀다는 마늘을 택배로 받았다. 상자를 여니 씨알은 작아도 잘 여물었다. 온 하루를 물에 불렸다가 마늘을 까는데 심산에서 봉인된 두견이의 울음이 내 눈물샘에서 풀려나는지 샘 주변이 씰룩거리다가 눈물콧물이 하염없이 솟는다.

불현듯 삼대할머니의 전설이 내 등뼈의 고랑에서 콸콸 흘러내린다. 머슴과 붙어먹었다는 누명을 쓰고 시어머니에게 쫓겨났다는 삼대할머니는 과거에 급제한 삼대할아버지의 유가행렬을 보고 친정 마늘밭에서 손잡이 빠진 호미를 든 채 돌아가셨다.

흐린 날이면 우리 종갓집에는 두견이가 추녀에 날아들어 "아-니-에-요-" "억-울-해-요-" 네 음절로 섧게섧게 울었다는데 두견이의 울음소리를 듣고서야 삼대할아버지는 조강지처의 억울함을 알았다.

우리 삼대할머니두견이의 후손이 그 심산에 사는지, 두견이의 울음은 싱크대에도, 수도꼭지에도, 냉장고손잡이에도 여문 손끝처럼 야무지게 달라붙어 스치기만 해도 매운 설움이 내 눈물샘을 쥐어짰다. 삼대를 건너온 설움의 뿌리가 얼마나 매운지 나는 기어이 "할-머-니-이-, 할-머-니-이-" 네 음절로 두견이처럼 하늘을 향해 섧게섧게 울었다.

'푸드득' 두견이가 내 매운 뿌리를 물고 사라졌다.

마스크팩

식당종업원이 홈쇼핑광고처럼 업그레이드된
스프레이화장품을 식탁에 분사한다
킬힐을 뽐내던 새내기 식탁은
고급피부관리실의 우수고객처럼 은근 즐기는 눈치다
선임 비닐식탁보가 마스크팩을 덮듯이 식탁의 얼굴을 판판이 두드린다
식탁의 피부가 양귀비처럼 투명해지길 기다리는데
이런 콧구멍이 없다
영화 속의 억울한 궁녀처럼 자지러지는 식탁,
단말마의 거친 호흡이 식탁에 한 폭 산수화를 그려놓는다

늦가을 퇴직자 같은 낙엽이 흩날리는 듯
공기주머니처럼 가벼운 밥주머니를 뜨겁게 품은
기간제 철새들이 필생의 군무를 추는 듯
서러워 아름다운 절경을
콩나물접시와 물병이 젓가락장단처럼 흐트러트린다

철새 한 마리의 '컴백홈'을 축하하는 친절한 송별회자리
정규직마스크팩들의 술잔 부딪히는 소리가
한겨울 시베리아기단처럼 차다
날숨 그대로 얼어붙은 철새는
등 두려주는 웃음의 칼날에 쩌엉쩡 실금이 간다

기간제 근로자들의 마스크팩발령장엔 숨구멍을 틔우지 않는다
저장된 공기는 명부에 기록된 계약일 만큼의 분량뿐이다.

고래를 먹다

할매식당에서 고래를 먹는다
잘리고 토막 나고 삶아진 바다가 고요하다
모래 한 알의 침묵으로 가라앉다가
찰랑대는 바다를 토해내며
바다로 돌아간 한 사내를 생각했다

혼돈의 시간에 바다에서 뭍으로 떠난 사내가 있었다
산 설고 물 선 만리타향은 매몰찬 가시뿐이었다
안개 속을 걸어간 길에서
다리가 돋아나고 팔이 분화될 때
마디마디 뒤틀리던 고통과 환희를
그는 어느 만년쯤에 수구초심의 후회를 했을까
어쩌면 낯선 요철에 발목을 삘 때마다
거칠데 없던 고향의 순한 인정을 떠올렸으리라

돌아간 영혼은 나락의 공포를 허우적거렸다
손과 발이 태초의 형상을 기억해내자
지워졌던 지느러미가 돌아오고
그는 다시 원형의 바다로 출렁거렸다
몸을 한 번 접었다 펴면
북극에서 남극까지, 태평양에서 대서양까지
그를 받아내던 탯줄 같은 해류를 유영하면서
비로소 자유를 얻은 그 사내처럼
영혼을 바다에 맡기자 몸이 떠올랐다
물침대처럼 바다가 나를 안았다

그제야 기억 속의 기억이 돌아왔다
양수에 떠서 손가락을 빨며 옹알이하는 내가 보였다

제 동족을 먹으며 일체감을 느낀다는
식인관습의 어느 원시부족처럼
고래를 먹으며 나를 먹는다.

귀향

1. 안개 속으로

무진댁의 고향이 무진이란 걸 봄 안개의 아득한 품에 잠들어있는 그녀를 보고서야 우리는 깨달았다. 치매를 앓던 무진댁은 자식들이 팔아버린 논배미를 에돌았다. 눈치 보듯 슬금슬금 피를 뽑고 나락을 쓰다듬었다. 무진댁을 돌보던 사촌이 대처에 있는 아들에게 통문을 하고 그녀는 요양원을 거쳐서 딸네로 갔다. 딸네서 백 일째 되는 날 무진댁이 홀연히 사라졌다. 그 이레 후에 순찰을 돌던 경찰이 안개 속으로 스러져가던 무진댁의 진달래 빛 스웨터를 알아보았다.

2. 낙화

길을 벗어난 자동차바퀴 같은 그녀를 젖은 논바닥이 안쓰럽게 물고 있었다. 갈기를 세운 꽃샘바람에 실낱같은 숨결은 살얼음이 바삭거렸다. 무진댁의 몸을 물고 있던 논은 볏짚으로 그녀의 몸을 감싸고 있었다. 구급차가 도착하기 전 그녀는 생의 담벼락 아래로 능소화처럼 통꽃 째 툭 떨어졌다.

3. 귀향

다시는 놓지 않겠다는 듯 삭아가는 볏짚을 한가슴 따뜻하게 안은 채로 질척거리는 생의 습기를 거두어들였다. 볏짚을 들어내자 논바닥에는 아직 빠져나오지 못한 무진댁의 얼굴과 가슴과 무릎이 음각으로 새겨져있었다. 귀향한 그녀의 몸을 타고난 지형뿐만 아니라 그녀의 퇴행된 시간들이 무채색으로 덧칠한 활처럼 휜 무릎이며 굵어진 손가락매듭까지 한 장의 항공지도처럼 논바닥이 기억하고 있었다.

피어나지 못한 꽃망울에게

-헌시-일본군 위안부 피해자님께 삼가 바칩니다

사립문에 널브러진 코고무신 한 켤레
주인은 어디 갔나
하늘귓가에 낭자하던 애끓는 울음소리
석류나무에 붉디붉게 열렸네

산 넘고 바다 건너 정처 없이 끌려간 꽃
한 놈 두 놈 세 놈
스무 놈 마흔 놈 쉰 놈
헤아리다가 헤아리다가 혼절해도
개미떼처럼 달려드는 짐승의 칼날들

반딧불처럼 돋아나는 여드름
솜털 보송한 사춘기 꽃망울
피지도 못하고 꽃잎마다 피멍이네
꽃이 할 수 있는 일은 몸부림치며 흐느끼는 일
어느 꽃은 고개를 묻고 어느 꽃은 정신줄을 놓은 채
세상에서 가장 큰 울음소리
눈물강이 되어 흘러가네
강바닥은 송곳이 꽂히고 언덕은 가시울타리
해가 뜨면 햇살은 칼날
달이 뜨면 달빛은 아귀
비가 오면 빗줄기는 몽둥이

〉
수은 주먹밥을 먹이고
구덩이에 묻고, 불에 태우고
총질로 우물에 던지고
불러오는 배는 칼로 난도질하네
꽃은 누울 바닥을 잃었네
꽃은 비빌 언덕을 잃었네
꽃은 햇빛을 잃었네
꽃은 달빛을 잃었네

살아도 어둠의 시간
죽어도 어둠의 시간
꽃의 시간을 잃은 꽃
한 번도 피지 못한 꽃
구덩이에서 들려오는 말 "쳐죽일놈들"
우물에서 들려오는 말 "쳐죽일놈들"
살아있어도 죽은 꽃
살아있어도 잊힌 꽃
살아있어도 지워진 꽃
나이를 먹지 않는 소녀들
누구도 지켜주지 않은 소녀들

스스로를 지키려는 처연한 몸사위
주먹을 쥐고 부르르 한평생을 떠는 일
"쳐죽일놈들"
짓찢긴 심장으로 꾸짖는 일

들이쉬는 숨은 천근바윗돌
내쉬는 숨은 만근먹구름

누가 꺾었나 어여쁜 꽃
누가 밟았나 순결한 꽃
죄 없이 죄인이 된 억울한 꽃
애끓는 눈물로 정화된 꽃

사립문에 널브러진 코고무신 한 켤레
주인은 어디 갔나?

다시 십자가로 오신 님이여

-5.18민중항쟁- 34주기 추모시

"저희를 사하여 주옵소서, 자기의 하는 것을 알지 못함이니이다."

무덤이 운다, 태중의 아기가 운다,
만삭의 배를 붙들고 어미가 운다
국립 5.18 민주묘지 1-60에는
아직도 차마 눈을 감지 못하는 어미가 있다
한 번도 희망과 눈맞추어보지 못한 태아가 있다
1980년 5월 21일 오후 1시 30분
남편을 기다리던 꽃다운 스물셋
만삭의 최미애님 머리에 M16총알이 날아들었다
'아가, 다시는 말 못할까봐…사랑한다' 마지막 전언처럼
뇌수가 쏟아져 내려도 어미는 탯줄을 20분이나 놓지 못하고
복중의 아이는 '엄마, 살려주세요' 발버둥쳤다

세월호가 운다 우리 아이들이 살려달라고 운다
날개 꺾인 새처럼 운다
못다 핀 꽃잎처럼 운다
탯줄이 끊긴 세월호 복중에서 아이들이 발버둥치고 있다
'엄마, 다시는 피어나지 못할까봐…사랑해…'
그렇게 또 수백 송이 꽃망울의 희망이 수장되었다

공수부대의 발포가 시작되었을 때

도청에서는 애국가가 확성기로 피토하듯 울었지요
국민을 조준하라는 신호로 애국가를 앞세운 군인이 있었지요
그 아픈 날, 애국가는 만삭의 배를 부여안고 가슴으로 울었지요
태중의 아이처럼 보호해야할 국민을
총으로, 대검으로, 곤봉으로 낙태시킨 군인이 있었지요
가슴에 품었던 희망이 태아인 채로 스러지던 날
복중의 아기 때문에 죽어도 죽지 못하는 어미처럼
울부짖는 풀꽃들의 애잔한 손을 목숨으로 붙잡아준 님이여
그날의 의로운 불씨로 민주의 화로는 영원토록 활활 타오르리니

죽음과 절망에서 걸어 나와 희망을 꽃피운 님이여,
어둡고 깊은 골짜기까지 향기롭게 피어나는 님이여,
얼마나 많은 풀꽃이 생목숨으로 더 떨어져야
잘못이 잘못을 깨치는 새날이 올까요

멍든 가슴들을 위해 다시 십자가로 오신 님이여,
님들의 뜨거운 피가 태반이 되고 탯줄이 되어
기어이 태어나고야 말,
풀꽃들이 마음껏 피어나는 민주와 자유와 평화의 그 꽃밭
태교하는 어미의 마음으로 기도하오니

"저희를 사하여 주옵소서, 자기의 하는 것을 알지 못함이니이다."

모가지론

'모가지론' 신청하러 왔는데요.
은행원의 얼굴에 햇살론 같은 햇살이 '쨍'하고 부신다
은행이 봄날처럼 환해진다
네, 고객님 '모기지론' 말씀이십니까?
나는 괜스레 우쭐해져서
예. '모가지론'이요.
고객님, '모기지론'이랍니다.
허공에 물음표가 잔뜩 깔리자
은행원은 친절하게도 메모지에 '모기지론'이라고 쓴다
내 '날파리증'의 흑점이 하필이면
모기지론이라고 쓰인 메모지의 '기'자의 'ㅣ'에 가서 달라붙는다
나는 다시
예, '모가지론'이요. 하고 읽는다
은행원은 화려하게 포장된 '모가지론' 전단지를 내민다
읽어보시고 고객님께 맞는 조건을 선택하시겠어요?
읽어 내려가는데 10년, 20년 분할상환, 이자후납 어쩌고 하는 게 꼭 소돔과 고모라의 화려한 성채 같다. 그 뒷골목 잘못 휘어 돌면 나이든 창녀의 가면 같은 웃음에 까무룩 녹아내릴 것만 같아서 나는 머리를 휘휘 흔들고, 심호흡을 한다. 목줄에 묶인 누렁이처럼 포박당한 혓바닥이 숨구멍을 덮는다. 나는 모가지를 부여잡고 헐떡거린다.
갑자기 은행 안에 시베리아 기단이 내려앉는다
에취, 줄재채기를 한바탕 쏟아놓고,
나는 은행원을 빤히 들여다보며

'모가지론' 맞구만요.
네, 고객님과 조건이 맞지 않으시군요.
봄햇살 같던 입술이 대문처럼 닫히는데
입춘대길이라고 씌어진 입춘첩이 '쩡'하고 얼어붙는다
환절기 독감바이러스가 은행을 오슬오슬 접수한다.

박물관에 가면
호모사피엔스의 눈물탑이 보인다

국립나주박물관에서 뗀석기를 들여다본다

낯선 혹성의 황야에
빈 몸으로 서있는 최초의 아버지
하늘에서, 땅에서 화살처럼 날아오는 수많은 적의(敵意)
생존을 위해
화산과 사막과 빙산을 헤매느라
발바닥이 터지고 너덜거려
화산과 사막과 빙산이 된 발바닥으로 달리고 또 달렸으리라
공포와 어둠만이 생을 끌고 가는 채찍이던 아버지는
처음으로 날카로운 돌칼을 쥐고 사냥감을 해체하던 날
아폴로11호 달 착륙의 환희로 심장이 고동쳤으리라

날것을 처음으로 불에 익힐 때
첫 움막집을 지을 때
최초의 토기를 만들 때
별 하나씩 아버지의 가슴에서 태어났으리라

그 별들이 은하수가 되어 콸콸콸 흐르는 동안
아버지는 아들을 낳고 아들은 또 제 아들을 낳고
압박과 저항의 샅바가 한바탕 회오리 쳤다
벌거벗은 나무는 잎새를 내어 부끄러움을 덮고
자유가 목숨보다 더 아름다워진 세기에

돌도끼 대신 스마트폰을 쥐고 가는 아들은
별 같은 SNS를 별빛처럼 쏘아댄다

그 문자가 얼마나 높은
호모사피엔스의 눈물탑인 줄도 모르고.

아름다운 것만을 노래하랴

자본이 피운 꽃은 탐스럽게 아름답다
자본의 꽃을 탐욕스럽게 피우려고
생각이 있는 가지들을 가지치기한다
생각을 하면 풀꽃들을 돌아보느라
앞으로 달려 나갈 수 없기 때문이다
강철로 만든 전지가위로 생각의 싹을 솎아내는
정규직도 들여다보면 마지노선에서 줄타기하고 있다
자본주의 농장은 모든 것이 경제적이다
그곳에서는 높이가 중요하다
웃자라는데 거치적거리는 아래가지는
햇빛이 멀다고 감히 비명을 질러서는 안 된다
'차별'이라는 단어의 의미를 뇌세포에서 지워야한다
시급 4,000원에도 눈물겨운데
오염된 강물의 붕어처럼
어느 날 갑자기 하얗게 배가 뒤집혀있다
억울한 날개라도 파닥거렸다가는 불이 꺼지고 출구는 봉쇄된다
절망하는 가지들에게 다시는
몹쓸 움이 올라오지 못하도록 최루탄이 쏟아진다
최루탄 파편에 스티로폼이 녹아내리고
노숙자의 뒤축 무너진 신발처럼 희망의 축들이 무너져내린다
낮은 가지마다 생목숨이 잘려나가자
까치발로 버티던 나무도 저승반점이 새까맣다
어찌 아름다운 것만을 노래하랴
희망이 뭉개진 상처들이
벌떼에 쏘인 것처럼 아프게 부어오르는데.

검댕이

고향집 아궁이에 새카맣게 내려앉은 검댕이
검댕이를 떼어 사연을 듣는다
잘 마른 솔가지의 시간을 기대했다
그가 만났을 소슬바람의 여행이야기를 듣고 싶었다
사연은 뜻밖에도 대부분이 생솔가지였다
아직 눈물이 마르기 전의,
숙려기간이 지나기 전의 앙숙처럼
건드리기만 해도 설움이 폭발했다
눈물이 호수처럼 고여 있어
작은 물길만 내어도 철철 흘러내렸다
아궁이의 검댕이에는
생솔가지를 탓하며
하염없이 눈물콧물을 닦던
어머니의 된 눈물이 아직 고여 있었다.

흡혈귀를 흉내 내다

피를 빨아먹는 일은 귀신들의 생업인 줄 알았다
불안정한 영혼들이
인간의 피가 그리워 흡혈귀가 된다는데
세 끼 밥에 새참까지 챙겨먹고 똥배까지 불룩한 나는
무엇이 불안하여 피를 그리워하는가

고로쇠나무의 혈액인 고로쇠물 한 컵을 달게 마시는 저녁
나는 박쥐가 되어
어느 이름 없는 들녘을 분탕질하는 꿈을 꾼다
저임금으로 혹사당하는 나무의
경동맥에 날카로운 송곳니를 박고
동상 걸린 손발로 겨우내 농사지은 선혈을 쭉쭉 빨아먹는다
생쥐처럼 나무의 노동을 야금야금 갉아먹으며
나는 새디즘의 희열을 느낀다

아무도 반성하지 않는 밤이 오면
어미를 잡아먹는 살모사의 세상이 된다
미처 닦지 못한 입시울의 핏방울에서
송곳니가 자라고 있다
내가 내 피를 빨아먹는 밤이 오고 있다.

빨래

셋째 고모는 오뚝한 바지랑대에 걸터앉아
바람과 햇살과 노닥거리는 걸 좋아했다
방망이질 당한 빨래처럼
욱신욱신 스며든 생의 지극한 물기
햇살과 바람이 말려주면
마음까지 고실고실하다는 고모

기사식당을 하는 고모는 소위 '미친 여자'였다
소년과부가 병인이라는 고모는
빛 좋은 날이면
햇살과 바람을 초대하고
바지랑대에 높이 높이 빨래를 널 듯
오거리통에 그녀를 널었다
접힌 곳이 그늘지지 않도록 탈탈 털듯이
그늘진 옷가지는 훌훌 벗어던지고
태초의 울음인
알몸을 구석구석 햇살과 바람에 말렸다

그런 날이면
그토록 고모를 엉망으로 젖게 한
장맛비 같은 울음이 그치는지
밤마다 골방에서 주룩주룩 들리던
빗소리가 들리지 않았다.

변호인*

극장문을 밀치고 쏟아져 나오는 침묵들
가슴속에는 정의의 불씨 한 톨씩 품고 있다
어느 힘없는 풀꽃도 어느 가난한 바람도
억울하지 않는 것이 정의라고?
극장계단을 다 내려가기도 전에 스러질
빈말이 유월 버들가지처럼 치렁치렁 햇살에 빛나고 있다
제 목숨도 변호하지 못하는 뼈 없는 혀로
풍장된 주검에 열광하는 스마트폰이 진동음으로 운다

다시 살처분이 시작되었다는 SNS
고병원성조류독감으로 판결 받은
오리들은 변호인도 구하지 못하고 다시 매몰되기 시작했다
정의의 여신은 구리에 내려앉은 인류의 푸른 추억이다
정의의 칼이 벨 수 있는 건 숙취에 목마른 자리끼 한 모금
정의의 저울로 달면 가장 가벼운 것은 눈물과 한숨이고
가장 무거운 것은 오리발과 건망증이다
정의는 크레인의 높이에 매달려 오금이 저리고
어여쁜 여신은 눈을 가리고 허기진 평등을 고수레 중이다

숲은 기진맥진한 연어를 잡아먹고 태양은 숲을 호령한다
달빛의 눈물은 투명체이므로 시인에게만 보인다

머리가 광속으로 회전하면 기억은 지워진다
생각나지 않습니다
생각나지 않는 증언만 유효하다

건망증이 나라를 구한다.

*변호인 : '부림사건'을 모티브로 만든 송강호주연의 영화 조작된 '부림사건'은 33년만에 무죄판결을 받았다.

윤일병에게

아들아, 아침을 차리다가 네 소식을 들었다
숟가락을 놓다가 말고 하염없다가
다시 삶을 든다
네가 개처럼 핥아먹었다는 누군가의 가래침처럼
끈적한 액체가 숨구멍을 덮는다
발길질에 반듯한 무릎이 무너지고
욕설에 꿈의 새하얀 날개가 꺾이고
주먹질에 생의 포실한 지붕이 내려앉은
수치와 공포로 뭉친 주먹밥을 꾸역꾸역 넘긴다

삶이란 강이구나
흙탕물도 오물도 어떤 눈물도
다 받아먹어야하는 서러운 강이구나
인간을 지탱하는 뼈라는 뼈는 모두 부러진 너도
레고블록처럼 끼워 맞춘 개가 되어서도 무참히 흘렀구나
심장이 터지고 비장이 찢겨 핏물로 염색된 천사의 백의
네 하늘에 떠있던 새하얀 날개는 어느새 의자가 비었는데

주먹을 파르르 쥐고
숨넘어갈 비명을 지르고
십자가를 세운들
칼을 주지 않고
방패를 주지 않고
'착하게 착하게 살아라'고 주먹으로 윽박지른
도덕교과서가 다시 회생하겠니?

상처에서 꽃이 핀다

모든 상처에서는 꽃이 핀다
유년의 상처에 꽃이 피어있다
무르팍을 으깬 돌멩이가 꽃잎으로 박혀있다
꽃잎을 누르면 검색창이 열리듯 상처의 기억이 열린다
밥 대신 누런 코를 들이마시던 아이의
허물어진 담벼락 같은 가난도 망초꽃으로 피어있다

고래가 죽을 때 핀다는 '붉은 장미'에는 가시가 없다
상처는 가시를 버리고 꽃의 길을 택했다
마지막 호흡에서 피어나는 붉디붉은 상처의 꽃
'신은 살아있다'고
아우슈비츠 수용소 벽에 손톱으로 새긴
아리디 아린 상처의 꽃

상처가 꽃처럼 아름다운 것은 스스로 기억한
암각화이기 때문이다
결코 잊지 말라고
상처가 오체투지로 새긴
눈물의 전언이 꽃으로 피어난다

밟히고 밟힌 풀꽃의 눈망울을 들여다보라
매듭 매듭 저린 아픔과 상처의 기억이
다시는 밟히지 말라고
눈부처로 피어 있다.

자화상 1

가수 이효리가 47000원이 든 노란봉투로
쌍용차해직자들의 손해배상금 47억원을 나누었다는 방송을 듣고
나도 보내야지 하다가 며칠 지내며 까맣게 까먹다가
1차 목표액에 도달했다는 추가방송을 듣고
부랴부랴 2차모금액을 보낸다
최초로 노란봉투운동을 시작했다는 주부는
아이의 학원비를 줄였다는데
작은 풀꽃의 향기를 알아챈 이효리는
찔레덤불처럼 무성한 향기를 품었을진대
시인의 이름표를 단 나는
허공에 잔 먼지만 일다가 주저앉아버린
의미 없는 파동일 뿐이다

대저 시인이란 무엇인가
창조주처럼 처음인가
달빛 같은 그윽한 동반자인가
별빛 같은 구경꾼인가
뻐꾸기 같은 무임승차족인가

밀폐시킨 암흑창고에 노동자를 몰아넣고
스티로폼도 녹여버리는 최루가스를
자선 베풀듯이 터뜨린 공권력에 공분하다가
뉴스가 시들해지면 분노도 시들해져버리는
부끄러움도 잊고 마는 나는 누구인가

〉

노란봉투를 처음으로 생각해낸 이름 모를 주부에게
'시인'의 이름을 바친다

시인은 눈물의 눈물을 닦아주는 눈물이다.

몽돌에게로 가는 길

바위가 되고 싶어 안달이 난 모래들은
무의도에 가보면 안다
그곳에는 작아지고 부드러운 일이
필생의 꿈인 바위가 있다

부서지고 깎여서
세상에서 가장 부드러운 몽돌이 되기까지
오체투지로 길을 걷는 호룡곡산의 바위들

붉은 장미 같은 단심으로
영웅심을 해체하고 있는
상처 낭자한 그 붉은 빛 해변에 서면
사는 일이 얼마나 뜨거운 일인지
금석문을 새기는 바위를 읽는다

어느덧 내 마음의 화덕에도
뜨거운 불길이 활활 일어
마천루처럼 치솟던 욕심이 사그라진다
사리처럼 광채만 남은 내 마음의 몽돌 하나
그 부드러움에 마음까지 가려워져서
나는 허공의 등을 훠이훠이 긁어주는 춤꾼이 된다

깨어지고 나뉘고 뭉그러져서
세상의 모든 발바닥을 부드럽게 받아주는
하나개 모래사장

바람이 가만가만 붓질하면
모래 속에 숨겨둔 춤사위가 덩실덩실 들썩인다

밟혀도 밟혀도 웃고 마는 몽돌처럼
무의도에 들면 누구도
영혼의 웃음인 춤을 멈출 수가 없다.

이주

효자각은 동네의 자랑이었다
입구에 떡 버티고 선 효자각 때문에
동네사람들은 모두가 맞춤형 효자가 되었다
무성한 잎이 효자각의 효심을 가린다고
낙엽이 동네 체면을 어지럽힌다고
웅성거리는 잡음 때문에
효자각에 살던 태산목은 강제이주 대상이 되었다
아침부터 포크레인이 태산목 무릎을 꿇리고
오단고음의 방망이질을 해도 마을의 입들은 침묵했다

비로소 하늘의 뜻을 이해하고 웅혼한 기상을 펼치려던
쉰 살 먹은 태산목은
2.5톤 트럭에 무슨 역신처럼 묶여 떠났다

태산목이 떠난 후에야 빈 자리가 말을 했다
참말로 우람하게 효자각을 지켰었는디
오뉴월이면 어찌나 꽃을 크게 피우던지
온 동네가 잔칫날처럼 향기로왔제, 암만

면사무소 화단으로 이주한 태산목은
하늘의 뜻을 땅바닥에 떨어뜨리고 움찔도 않았다
산 설고 물 선 중앙아시아에 내쳐진 고려인들처럼
한숨이 호미가 되고 눈물이 곡괭이가 되어
나무의 얼어붙은 기상도 새 뿌리를
내리면 다시 웅혼해지리라고

우리는 기도처럼 기다렸다
그리고 삼 년이 흘렀다
태산목은 링거에 의지한 채 웅혼의
눈꺼풀도 들어올리지 못했다
소리쳐 부르면,
마른 가지를 속절없이 늘어뜨렸다.

철새교향곡(哭)

철새들의 날갯짓에서는 곡哭소리가 난다

곡이라는 것이 울음이고 노래여서 철새들이 밥의 비계를 날아오르며 흥얼대는 소리를 받아 적으면 울울창창한 울음 교향곡이 된다. 그해 개업한 공룡악단은 철새들의 날개가 지구별의 오염원이 된다고 철새를 기다리고 있는 습지들을 불태웠다. 불에 탄 철새의 고향은 가난한 뿌리로 오천년을 살아남은 숲에 묻혔다. 불현듯 숲의 나무들이 한꺼번에 잎을 떨어트렸다. 가진 것이라곤 몸뚱이뿐인 잡목들은 가난한 문상객처럼 몸을 절단해서 문상을 했다. 그렇게 잎 떨어지는 소리는 환지통처럼 울음교향곡이 되었다.

반값등록곡을 작곡한 공룡악단은 돈이 안 되는 노래는 빨리 잊어야한다며 까마귀를 꼬치구이 해먹었다. 잊힌 곡조를 기억하는 어린 철새는 썰데없는 것을 오래 기억한 형벌로 오랫동안 광화문광장에서 노숙연주를 했다.

파닥거릴수록 날개는 무거워진다. 집이 한 생의 등짐인 달팽이처럼 공룡악단이 작곡한 반짝반짝 높게 빛나는 '집빚'을 물고 철새는 비상한다. 날다가 추락하더라도 빚으로 산 집도 집은 집이어서 '철새의 꿈☆은 이루어진다'는 별표 꿈에서는 '빚'이 '빛'으로 읽힌다.

짹짹거리는 소리도 묶어놓으면 함성이 되는 법이어서 무면허 투사들이 '철새교향곡'을 새발의 핏대로 장엄하게 연주한 날, 불온한 철새들 때문에 정치음치가 된 공룡악단은 폐업신고를 했다.

가창오리떼의 군무가 ☆을 그렸다가, ☆처럼 반짝였다가, ☆이 되었다.

바다로 간 민어

"일 년에 한 번은 민어로 복달임을 해야 혀."
구순의 아비가 민어를
목차 순으로 선별하는 칠순의 아들에게 당부한다
"가마솥에서 자글자글 끓여낸 민어의 부레를 먹어야, 일 년 동안은 식구들이 어디 가 있든지 목기를 붙이듯이 끈끈하게 이어주는 겨. 하늘이 빙빙 돌도록 허기질 때는 말이다 민어푸대살 한 입이면 바다처럼 깊어지던 속내가 금세 후틋해졌지. 그 너른 보살 인심이 모여서 부레가 된 겨."
실타래처럼 세월을 풀어내는 아비의 목울대로
민어회 한 점 쑤욱 들어간다
맨발 같은 잇몸에 처억 감기는 민어의 살
살이 살을 우물거려 구절양장으로 떠나보낸다
아비의 혀에서는 다시 날개가 돋아난다
"우리 같은 뱃놈들 심장에는 육십 촉 알전구 하나씩 들어 있단다. 내가 요 민어처럼 파닥거릴 때는 말이다 고깃배로 넘쳐나는 파시가 서면 심장은 알전구에 두근두근 불을 켰지, 파도는 보름달 같은 알전구를 꼴딱꼴딱 삼키고 바다는 첫날밤처럼 뜨거웠단다."
민어는 어느새 뼈만 남아 가마솥에 든다
갑골문자가 뿌옇게 우러나온다
민어의 뼈가 오글오글 읽은 바다가
마지막 한 구절까지 흘러나오자
아들은 민어를 바다에게로 돌려보낸다
구순아버지 뭉게구름 같은 백내장 머나먼 눈에
바다를 가르는 민어의 부레가 떠오른다.

눈먼 사내의 바느질

사내가 바느질을 한다
눈을 꼭 감고 산도를 빠져나온
그 눈망울, 아직 감감인 눈먼 사내가 바느질을 한다
더듬더듬 바늘구멍을 찾아 실을 꿴다
향기가 눈먼 것들을 불러들이듯이
바늘구멍이 실을 불러들인다
한 땀 한 땀 세상이 꿰매진다
하늘에 박음질로 떠있는 달
큰두루미의 머리에는 붉은 화관이 씌워진다
홈질로 처리된 달빛은 울상이다
눈먼 사내의 문장에는 별빛이 말줄임표다
한 번도 본 적 없는 세상을 꿰매는
한 번도 본 적 없는 구멍에 실을 꿰는
손가락에 눈이 달린 저 사내
저 눈 먼 사내
향기로 세상을 읽는 저 사내
소리로 세상을 보는 저 사내
엎어지고 개울에 빠져가면서
기어이 사내의 세상에 도착한 찔레향기
사내가 웃는다
마당을 돌다가, 툇마루에서 한숨을 쉬다가
골방에 틀어박힌
사내의 달팽이관으로 발을 들여놓는 새소리
밝아지는 반짇고리
사내의 바느질문장이 꽃수레처럼 피어난다.

울돌목

망금산에 올라, 한 사내를 본다
홀로 달음질치는 일이 얼마나 외로운 일인지
무량한 바다에 사내의 거친 울음소리뿐이다
통곡하면서 달려가는 저 사내
울음소리가 목숨의 무게인 저 사내
종횡무진 그가 베고자 했던
멍에가 목울대를 짓누르는 저 사내
들메끈 친친 옭아매고 적멸을 향해 달려가는 저 사내
달빛만이 친구인 저 사내
울음바다의 종교 같은 저 사내
세상을 채우는 달빛으로 안아주고 싶은 저 사내

바람과 구름을 가슴에 품은 저 사내
바람과 구름에 젖지 않도록 속도가 필요했을 것이다
달리다보면 온몸이 울음통이 될지라도
소리치며 달려야한다
휘몰아치는 소리가 사내를 견인한다
울음의 끝자락이 허공에 흩어지는 적막일지라도
사내는 멈출 수가 없다

피고랑처럼 스스로 울음이 되어 흘러내린 사내
울음의 날갯죽지에서 날개가 돋아난다
하얀 깃털들이 사내를 들어올린다
세상에서 가장 큰 울음은 붕새의 날개 치는 소리
그가 들어 올린 세상이 얼마나 뜨거운 미래인지

그가 벗어두고 간 날개의 울음소리를 듣고서야
바다는 깨달았다.

지렁이에게

한 생애의 농사가 먹고 배설하는 일이다
먹는 일은 세상의 숨구멍이 되고
배설하는 일은 세상의 거름이 된다

모든 생명은 꽃이다
아름답지 않은 꽃 있으랴
찔려 피 안 나는 꽃 있으랴
피어날 때 아프지 않은 꽃 있으랴
꽃 진 뒤에 씨앗 없는 꽃 있으랴

징그럽다고 손가락질 말라
못생겼다고 말로도 찌르지 말라
꿈틀꿈틀 기어가는 것만으로도
암흑을 여는 빛이다.

돌탑 쌓기

엄마는 가사도우미, 우유배달, 구슬 꿰기, 곰인형의 눈알을 달며 날마다 돌탑을 쌓았지. 눈이 가물거리고 목디스크로 손가락이 저리고 무릎관절이 삐걱거려도 하루도 쉬지 않고 돌을 얹었지. 이 탑이 완성되는 날 하늘에 닿으면 첫째는 태양이 되고 둘째는 보름달이 되고 셋째는 샛별이 되어 엄마 세상이 환해줄 줄 알았지. 그런데 웬일인지 탑이 자꾸 허물어 내렸지. 정성이 부족한가 하여 엄마는 잔소리 한 바가지로 돌을 정결히 씻어 다시 쌓았지. 탑이 엄마 정성을 알아들었는지 제 스스로 올라가기 시작했지. 엄마는 목이 빠져라 아스라이 오르는 탑을 보며 흐뭇했지. 엄마 눈에는 돌들의 무릎이 으깨지고 손톱발톱이 빠지는 상처는 보이지 않았지. 그 정도 아픔도 없으면 아무나 태양이 되지 하며 못 본 척 했지. 그래 어서어서 높아져라. 누구도 감히 넘볼 수 없도록 우뚝 솟아라. 아침에 일어나니 탑이 사라지고 없었지. 아파트 십오 층에서 허물어진 탑은 여기저기 피 묻은 돌무더기만 낭자하였지.

봄눈

때가 되었으면 곱게 가실 일이지
부활을 꿈꾸며 수직으로 솟아오르던 물관들 뜨끔하다
구순九旬의 귓바퀴에 날카로운 비수가 스쳐간다
쏘옥 우듬지 내밀던 어린 것들 바짝 긴장한다
봄날에 내리는 눈은 해묵은 쌀가루 같다
빛바랜 구순의 머릿결에 다시
때늦은 아니면 너무 오랫동안 미적거려
아무도 반기지 않는 봄눈이 내린다
물방울 낭자들도 단장할 때는
누군가의 갈증 채워줄 꿈에 부풀었으리라
목숨 걸고 뛰어내릴 때마다
녹녹치 않은 세상은 북풍의 독기를 뿜었을 테고
만만한 심장은
눈물부터 얼어붙고 말았으리라
환영받지 못한 세월도 그리 흘렀으리라
당신 평생 손톱 한 번 깎아내지 않았어도
닳고 닳아 굳은 살 속에 파묻혀버린
제 빛과 향기 언제 사라진 줄도 모르는 검은 앙금들
하늘은 무심한 회색분자
송곳바람은 저문 가슴만 할퀴고
봄날의 푸른 꿈은 어느 천지를 방황하는지
덤으로 얹혀진 생도 양지뜸에서 졸다보면
손톱에 물들이던 날이 곱기만 한데.

소박데기

한 생애의 사랑이 달게 여문 배를 깎는다. 배는 사르르 부드럽게 깎이다가 뒤꼍에 들어서자 칼이 뒤뚱거리고 눈부시던 속살이 흠칫 어두워지고 만다. 칼도 받지 않는 시간들이 어둠에 뭉쳐있다. 그곳에는 뒤적거리며 되새김질할 달디단 추억이 없다.

햇살은 늘 반대쪽으로 고이고, 옷깃 한번 스치지 못한 사모의 시간은 시나브로 조각나 사금파리로 박히고 말았을까.

풀린 적 없는 옷고름을 곱씹으며, 벽장 속에서 찾아낸 누렇게 뜬 흑백사진 속에서 소박데기였다는 대고모님의 시간을 더듬어본다.

아프게 찔리는 사금파리들을 대고모님의 심장에서 조심조심 들어내었다. 한줄기 햇귀가 밀어올린 더운 길이 고흔 가르마처럼 건너오고, 뭉친 어둠에서도 달짝지근한 추억이 살풋 우러나는 듯 하였다.

오래된 오이

반눈 뜨고 해바라기에 열중하던
오래된 오이는 손을 내밀자 덥석 안겨왔다
아삭하게 씹히던 싱싱한 초록은 어디에 숨었을까
된장 밑에 넣어 장아찌나 담그려고
이빨이 홀랑 빠진 잇몸을 토막 내는데
아뿔싸, 손톱 밑에 박히는 썩은 송곳니

치매요양원 신참이신
오이할머니의 기저귀는
무례하게 달려드는 맨 눈살에
숨은 가시 하나, 아직 샛푸르다
주름진 이파리 뒤꼍에 오래된 바람이 눕는다
아무나 흘겨도
쏘아줄 서슬은, 가물가물 저물고
손뼉 치는 노을이 부르는 노래에 눈물 듣는다
앞산에~ 저 나무는 날로~ 날로 젊어가고
무주공산 이 내 몸은 날로~ 날로 늙어지네
아리아리~쓰리쓰리~
고실라진 어깻죽지가
묵은 노랫가락에 절로 들썩이는 것이었다.

햇빛

우리 집 베란다
푸른 명줄들
햇빛을 향하여
일제히 환호하고 있다

두 팔 벌려 흔들며
제자리 뜀박질에
와와와
함성소리 우렁차다

유일신을 향하여
차렷,
경배,

밥줄을 틀어 쥔
저 무소불위의
눈부신 독재.

태산목 꽃잎의 무게에 대하여

목련을 잃고 하염없을 때
태산목이 전화도 없이 꽃을 들이밀었다
향기와 후각세포가 손깍지를 끼고
재채기처럼 그리움을 쏟아냈다

진료소에 월송양반이 급하게 들어섰다. "아이고 가슴이 절려죽겄당께라. 밤새 삼순이가 첫배로 암송아지를 낳구만이라. 나가 하도 이뻐서 송아지를 살풋 만져봤드만 오메, 지 새끼 어디로 데리고 갈깜시 그란지 푸사리처럼 코를 핑핑 불어대면서 대가리로 나를 마구 들이받더랑께라. 참말로 죽는 줄 알았어라. 그리 순하던 것이 하도 포악을 떨어서 단단히 묶어났구만이라."

청상으로 어린 것들과 살길 막막하던 금성아짐은 밭 두 마지기에 씨받이를 자청했다고 했다. 고추 둘 떠나보낸 뒤에 한평생 가슴 속에 맷돌 두 덩이 달고 살았다며 가슴을 열어 보여주었다. 맷돌의 무게에 아짐의 굽이치는 갈비뼈는 주몽의 활시위처럼 깊숙이 휘어져 있었다.

요 며칠 외양간 지붕 위로 하롱하롱 날아 내리던 태산목 꽃잎이 오늘은 웬일인지 천근처럼 무겁다. 이웃인 태산목은 해갈이 때마다 삼순이의 가슴에 맷돌 한 개씩 매달리는 것을 보게 되리라. 오월이면 되짚어올 저 꽃잎도, 나이 들수록 맷돌 한 눈금씩 눈물 무게를 늘려 가리라. 언젠가 그 무게에 외양간 지붕이 폭삭 내려앉아 삼순이와 꽃잎이 얼싸안고 한바탕 통곡하는 소리, 기어이 듣게 될 것만 같은데.

말(言)칼

내 기억이 맞다면 초등학교 사학년쯤이었을 것이다
같은 반이었던 그 친구는 고아였다
집도 같은 방향이어서 등하교 길에 같이 나눈
좋은 추억도 많았다
한번은 말다툼이 있었다
화가 난 나는 그 친구에게
"그러니까 고아지."라는 말을 내뱉듯이 하고 말았다

내가 평생 동안 남에게 상처 줄 수 있는 무게의
말칼을 한순간에 한꺼번에 써먹어버렸던 것이다

그 친구에게도 내 말이 칼이었겠지만
나도 빙산처럼 그 기억을 가슴에 품고 살았다
잊었다가도 상처가 될 말칼들이 오가면
기억의 빙산이 나를 내리눌렀다
그 서늘한 하중에 눌리면 나는
뼛속까지 한기가 들어 몇 날을 앓았다

말칼은 시간도 비켜간다
그녀는 피도 흘리지 못하고
한평생 내 말칼에 가슴을 베이고 있으리라
아무리 뜨거운 후회를 해도 양심의 빙산은 녹지 않았다.

4

팔자 고치기

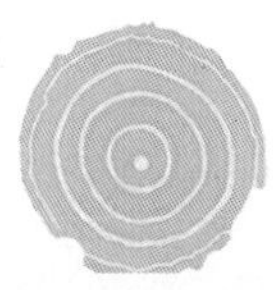

팔자 고치기

꽃양귀비 모종을 얻으러 갔다. 이미 꽃이 무성하여서 이식하기엔 늦었단다. 구석진 자갈밭의 옹색한 꽃을 잡아당기니 자갈 사이에 불안불안 떠있던 뿌리가 선심 쓰듯 들려나온다. 모종을 심으려는데 화단이 온통 자갈밭이다. 작년에 주차장부지에서 골라낸 돌을 화단에 무심코 던져두었던 것이다. 도리 없이 자갈밭에 꽃을 심고 자갈을 흙처럼 덮어주었다.

팔방놀이 하는 언니에게 업혀있던 아기복룡댁의 허리가 뒤로 꺾이고, 한 번의 꺾임이 한평생 지고 갈 눈물이 되어버린 복룡댁. 다른 꽃들 다 찾아먹는다는 붉은 열흘을 구경도 못해본 곱사등이 꽃은 시집간 지 사흘 만에 소박맞았다. 생과부가 목숨처럼 키운 유복자는 스무 살에 속립성결핵으로 그녀 곁을 영영 떠나고 말았다.

우물이 기울어졌다. 쓴물이 울컥거렸다. 누구도 어찌해볼 수 없는 복룡댁의 팔자 때문에 속을 끓이던 우물의 쓸개가 경련하고 있었다.

자갈밭에서 뽑혀와 또 다른 자갈밭에 이식되는 것이 저 꽃의 팔자일까? 나는 양지바른 터에 부드러운 객토를 듬뿍 깔고 모종을 옮겨 심었다.

어쩌다 복룡댁과 마주쳐
"어떻게 살아요?" 물으면

순하게 웃으며
"봉사하며 살지요."

복룡댁의 가슴에도 누군가 부드러운 객토를 듬뿍 깔아준 것일까.

홍탁아리랑

뭣이라고롸, 전라도 제일가는 음석이 홍탁이라고라
푹 삭은 홍어맹키로 알싸한 설움이
애간장 타는 목구멍을 매콤하게 핥아불믄
새끼손구락에 원산폭격당한 막걸리도
저 속창아리 하나 없는 노을아라리같이 시뻘겋게 웃는다고라
허, 이녁 설움들 누룽지처럼 박박 긁어서 홍탁에 띄우면
고우면 고운 데로 미우면 미운 데로 토끼 같은 새끼들 젖먹여감시롱
설강구석지에서 새카맣게 저물어가는 고향 찾어
아리랑아리랑 흘러가는 영산강맹키로
땀띠 꼭꼭 백인 논고랑밭고랑 고상도
에고데고 아리랑고개로 넘어가불고
실뿌리 꼼지락거리는 모냥세꺼정
유리창같이 훤히 들여다보이는 땅투성이만 파묵다가
허풍쟁이 뜬구름 장단에 폭삭 망해묵은
우리 아부지 확 불싸지를 울분도
늦장가 든 노총각 거시기맹키로 아라리아라리 녹아내리고
십리도 못가서 발병난,
영산강변의 유채꽃 같던 옛날옛적 그 노랑댕기 가시나도
꽃차맹키로 향긋~향긋~ 돌아온다고라
왔따메, 뭔 그런 일이 있다요
다 그러쿠럼 밥풀로 붙인 것 맹키로
아리랑고개로 딱딱 메다치면
누가 꼬빡 눈빼기로 날밤을 홀라당 새움시롱

소피 마려운 강아지맹키로 끙끙대겠소 잉
염장에 미운 메주 한 뎅이 질끈 동여맨 것 맹키로
세월의 가슴팍이 이리도 무겁겠소 잉
아리랑 한평생~, 손톱 세울 일도 삿대질할 일도 없던
우리 엄니 속내가 어찌 그리 물러터진 맹꽁인가 했더니
홍어애맹키로 아리랑아리랑 푹푹 삭아내려서 그랬구만이라
홍탁이 씹을 것도 없이
아라리아라리 목구멍으로 술술 넘어가는 것이
우리 엄니 팔십평생 창시 썩은 덕 아닌가베
아니여라, 그 땡여름 불가마에도 여직 덜 삭은 날개가
요러쿠럼 구수하게 씹히는디
우리 엄니 아리랑 아리랑 푹푹 삭아내리던 서러운 살집에도
덜 무른 뼈마디가 있었던지
애문 내 궁뎅이 부지깽이질 몇 번 당했구만이라
홍탁, 고것이 참말로
아쉼찮게도 아리랑아리랑 고~개~랑께.

환어*의 춤

백내장처럼 무명씨가 박혀있는 물고기의 젖은 눈을 훔쳐보고야 말았다. 저 눈으로 길을 찾기 위해 얼마나 헤맸던 것일까. 너덜거리고 몽그라진 먹구름이 서러운 가락을 내며 몰려들었다. 뇌성을 후려치던 지느러미에서 후드득 실뿌리가 내렸다. 그날 밤 물고기는 새가 되어 푸른 하늘을 나는 꿈을 꾸었다. 설움의 뿌리는 구멍을 숭숭 뚫어 무게를 덜어내고 어린 꽃대를 밀어 올렸다. 물고기는 수면의 뜨거운 이마를 짚어보고 꽃이 얼마나 여물었는지 짐작했다.

목울대가 미어지도록 울던 안개 때문에 무장무장 가슴이 답답해지던 호수가 봉그슴한 앞섶을 풀어헤치자, 잘 익은 꽃망울이 물고기 몸에 들었다. 수캐구리들의 바람주머니가 일제히 음을 고르고 매미들의 날개가 달아올랐다. 불꽃놀이처럼 펑펑펑 꽃봉오리 터지는 소리, 세상의 모든 귀들이 호수 쪽으로 길을 내어 들리지 않는 노래를 듣고 홍련은 보이지 않는 등을 켰다.

눈앞이 캄캄하도록 막막한 월식을 한바탕 앓고 나자 물고기는 울컥울컥 비늘을 쏟아냈다. 그리고 아직 비늘빛 우련한 흔적에서 두드러기처럼 푸른 깃털이 마구 돋아났다.

새가 된 물고기는 날개를 들썩거리더니 깨끼춤을 펼쳤다. 마디마디 옹친 매듭을 어르듯 풀어내는 춤사위에 달빛이 돌아오고, 고요하던 호수도 늘어진 소맷귀를 휘어잡아서 하늘에 흩뿌렸다. 날개와 안개와 달빛이 실타래처럼 감기며 둥둥둥 원무를 추었다. 설핏 졸던 별들도 어느덧 퐁퐁퐁 춤판에 끼어들고 있었다.

*鰥魚 : 물고기가 새가 되다

우리 모두 꽃이다

갓 피어난 장미꽃은 보름달이다

닳고 닳은 세월에 굴뚝까지 절뚝거리는 굴뚝새도
귀향길 교통사고에 아랫도리 이지러진 청노루도
느닷없는 돌팍길에 벌러덩 넘어진 신용불량 이팝나무도
낭떠러지처럼 하늘이 캄캄한 치매할미꽃도
그리고 몽골리즘의 웃음바다 명아주도

우리 모두 꽃이다
우리 모두 꽃이다

그믐달처럼
초승달처럼

아리따운 영혼이

아픈 그늘에 가려져있을 뿐이다
아픈 그늘에 가려져있을 뿐이다

우리 모두 꽃이다.

눈꽃

차마고도의 나뭇가지마다 눈꽃송이 서럽다
말의 거친 호흡이 아랫가지에 얼어붙고
마방의 입김이 윗가지에 몸을 부려
말과 사람의 눈물꽃이 피어나고 있다
종이 된 눈물끼리 부딪히며 천상의 음악을 연주한다

손바닥에 운명을 쥐고 태어난다는 말이 있다
두루마리처럼 펼쳐진 이랑산 협곡의 손바닥에도 손금이 있다
하늘 아래 처음으로 새겨진 저 손금,
쥐고 태어난 숙명을 거스르는 칼날이 길을 그려 넣고 있다
내리꽂히는 협곡을 노래하듯 감아 오르고 있다

걸음걸음 생의 바닥이 쩍쩍 얼어붙어도
멈추지만 않으면 눈물은 꽃으로 피어난다

바라보는 가슴마다 탄성을 지르지만
저 눈꽃,
마방의 등짐이 뜨거운 눈물에 융해되고 있는 중이다
말의 멍에가 꽃으로 환생하고 있는 중이다
천상의 곡조로 윤회의 바퀴를 돌리고 있다.

황소개구리

황소개구리 가격이 폭락하던 날 엄마는 팔푼이언니를 낳았다

그날 밤 양식장에서 탈출한 황소개구리 한 마리가 엄마심장으로 뛰어들었다. 팔푼이언니가 조각구름들에게 놀림받은 날은 엄마심장에 들어앉은 황소개구리의 울음주머니가 소낙비를 부르듯이 부풀어 올랐다. 감기 걸린 우물처럼 쿨럭쿨럭 범람하는 울음을 엄마는 보릿대처럼 메마른 손바닥으로 삼켰다. 마른 보릿대를 적시는 울음소리를 우리는 밤새 엿들었다. 언니가 앞개울에서 빨래방망이질을 할 때쯤, 엄마는 언니를 먼 친척 집에 식모살이 보냈다.

언니가 떠난 후 흐린 날이면
황소개구리 뒷다리 같은 근육질의 먹구름이
엄마의 여윈 몸을 휘감았다
그런 날은 전구마다 불을 켜도 온 집안이 캄캄하였다

팔푼이언니는 소박맞은 새댁처럼 세 번 쫓겨 왔다
세 번째 쫓겨 오던 날 언니는 엄마에게 악다구니를 썼다

“엄마는 식모살이 보내려고 나를 낳는가?”

그 찰나에
아, 정말 찰나였다
엄마의 심장을 야금야금 파먹던 황소개구리가

싸움에 꺾인 뿌사리처럼 슬금슬금 뒷걸음질치더니 홀연 사라졌다

엄마는 언니를 꼭 껴안고
"오냐, 내 새끼." 한 마디만 했다

팔푼이언니는 공장에 다니면서
엄마에게 세탁기랑 김치냉장고를 24개월 할부로 사드렸다
엄마의 황소개구리는 다시 돌아오지 않았다.

냄새의 역사(歷史)

용산역에서 마지막 열차를 기다린다
눈동자는 텔레비전 화면에 빠져있는데
눈치 없는 후각세포가 어느 냄새의 역사를 파헤친다
대합실 세면장에서 고양이세수로 시치미 뗀 냄새가
양파껍질처럼 한 겹씩 벗겨진다
아마 세 번쯤의 겨울을 이 대합실에서 보냈을,
몇 번쯤 쫓겨났다가
생나무 연기처럼 꾸역꾸역 스며들었을
냄새의 역사들이 의자에 박혀있다
유유상종처럼 냄새도 닮은 무늬끼리 좋아하는지
교환하는 눈빛에 싸구려로션 같은 끈적함이 배어있다
아침샤워로 냄새를 감쪽같이 지우고 나온
냄새초년병들은 오래된 냄새를 피해 자리를 옮긴다
백화점에서는 '이제는 헤어져야 할 시간' 이라고
하루치 냄새와의 이별을 재촉한다
백화점이 소등되고 한참 뜸을 들인 후
정처 없는 냄새들은 떠나라며
경고도 없이 모든 채널의 텔레비전이 죽어버린다
해진 등산복차림의 나이깨나 먹은 냄새들은
멸시로 쌓은 산봉우리 몇 개쯤은 가볍게 넘어왔다는 듯
한쪽 어깨가 기울어진 줄도 모르고
삼년치의 냄새를 메고 간다
집 밖의 시간에서는 단내가 난다
오래된 냄새일수록 땔감으로 쓰일 만큼 뜨거운 불이 들어있다.

겨울 화지*에서

겨울화지는 한 폭의 추상화다
화가는 겨울이고 재료는 고실라진 시간이다
북풍한설 왕붓이 한 호흡으로 지나간 자리
덧칠 없는 저 일필휘지의 선긋기
도무지 풀길 없는 생의 비밀공식이다

진흙탕에서 허우적거리다가
어린아이처럼
우연의 선긋기로 꽃대를 올리고
가슴에 스며들지 않는
외계인의 언어로 달빛을 꼬드기는 밤

내 미력한 실력으로는 도저히 풀길 없는
수학공식에 쩔쩔매는 시간
허벅지 덮을 치맛자락도 뭉그러지고
연지 찍을 꽃잎도 스러져버렸다
할당된 시간이 다 소진되면
동그라미로 남겨질 것이가
역삼각형으로 꽂힐 것인가
단 한 줄의 묘비명으로 서있을 것인가.

*花池 : 나주시 산포면 홍련마을의 연꽃방죽

여자의 입술에는 지렁이가 산다

적색1호 립스틱을 입술에 문지른다
죽은 듯 엎드려 있던 지렁이가 깨어난다
입술의 주름이 꿈틀꿈틀 기어가는 사이에 여자의 욕망이 있다

여자가 여자에게서
또 그 여자의 여자에게서 전염된
붉은 욕망은 봄날의 꽃처럼 증식하였다
붉은 꽃잎 한 점이 입술에 날아 붙어
아가씨의 땋은 머리처럼 유전자지도가 비비빅 꼬이는 동안
여자는 세상에서 가장 곱다는 지렁이의 붉은색소를 찾아 냈다

땅만 보면 기어나가는 여자의 입술
상추밭에도 장다리 밭에도 입술이 기어 다닌다
여자는 입술을 주워 틀니처럼 입에 끼운다

지렁이가 꿈틀할 때마다 여자가 피어난다
여자의 입술이 세상의 암흑을 뚫고 있다
입술의 배설물을 받아먹은 꽃자리마다 화엄벌이다.

강에는 인문학코드가 흐른다

-서유럽의 강을 건너다

축지법을 쓰듯이 하루에 한 나라씩을 건넌다
나라마다 핏줄 같은 강이 흐르고 있다
강의 깊이는 그 강을 마시는 명줄들의 가슴의 깊이다
깊은 강은 제 깊이만한 명줄을 받아들이고
얕은 강은 제 몸도 허우적거린다
강이 키우는 것은 목숨만이 아니다
강은 네로와 나폴레옹과
다빈치와 미켈란젤로와 메디치를 낳았다
바람의 방향에 따라 같은 강에서도
폭군도 종교도 예술도 태어난다
어떤 강은 통곡소리가 범람하고
어떤 강은 천년의 암흑을 깨운다
전설과 신화는 마천루처럼 쌓이고
악한 것은 더 악해지고 선한 것은 더 선해진다
아직도 생목숨 같은 강에는 숭고하거나 치욕이거나 분노가 흐른다

다 잊혔으리라, 처음부터 다시 시작하리라
초승달처럼 캄캄하게 강물을 속여보지만
보이지 않아도 진실은 보름달처럼 이미
검은빛 또는 푸른빛의 발자국을 강물에 선명하게 찍어두었다
맑은 바람이 바스티유를 흔들던 그날처럼
악에 오염되었던 강은 검은빛에 다시 물들지 않는다
오늘의 상심에도 두만강이 주저앉지 않고 흘러가는 이유다
자유가 흐르는 강에서는 풀꽃들의 피냄새가 난다.

보리암 가는 길

관음의 미소는 멀었다
'금방'이라는 바람의 말을 믿지 말았어야 했다
춤추듯 내려오는 십육분음표 실바람들에게
선재동자처럼 길을 물으면
"다 왔어요. 조금만 가면 돼요."
마침표의 문장들에 내 다리품도 곧 마칠 것만 같아서
사위어가는 갈맷빛에게도 끄덕이고
붉게 철들어가는 열매에게도 속아주며
보리암 가는 길
해수관음은 마중도 나오지 않는데 가을비가 온다
석녀에게 자식을 점지해주고
장군바위를 출세시켰다는 관음의 신통력
끓어 넘치는 구름의 열정을 숫처녀처럼 막아내는데
생의 바위에 억눌려있던 설움이
압력솥 꼭지처럼 핑글핑글 돌아간다

생의 방향을 찾고자 보리암 가는 길
해수관음 앞에 서면
세상의 길인 나침반도 방향을 잃는다는데
중생의 아픔을 더듬어보는 심미안으로
관음은 나의 설움을 받아주실까
참나무의 보시를 갈무리해둔
다람쥐 곳간 같은 산모롱이를 휘어 도니
관음이 운무에 안겨 있다

원효가 본 관음을 본다
천년의 세월이 골목 안과 골목 밖의 대빗자루 같다
관음이 골목 안 운무를 대빗자루로 쓸어낸다
세상의 번뇌를 다 받아먹은 바다가
관음의 미소로 출렁이고 있었다.

날개를 추억하다

로열 젤리를 먹으면 날개가 돋아난다
달빛처럼 고요한 반투명의 액체에
셀 수 없는 날개가 숨어있다
나는 로열 젤리 한 통을 깡그리 먹고
날개 돋기를 기다린다
이왕이면 알타이산맥을 종횡무진 날아다니는
날개가 3미터나 된다는 검은독수리의 날개를 기다린다
폐경이 된 후 붉은 빛만 보아도 가슴이 뛴다
성가신 것들이 날개였다는 걸
알아채는데 한 생을 낭비했다
돌이키지 말아야할 것과
돌이켜지지 않는 것들의 간극에서
날개는 찢기고
창공만 기억하는 날개는
알 낳는 도구로 전락한 날개를 견딜 수 없었다
펼쳐보지도 않고 타박만 하다가
스스로 물어뜯은 날개가 암흑 저편으로
찰나에 사라져버렸다
로열 젤리에서 요동치는 날개들
여왕벌의 날개와 일벌의 날개와 수벌의 날개
어느 날개라도 아프지 않은 날개 있으랴
날개가 날개일 때 마음껏 웃기를…….
과도에 베인 손가락의 붉은 빛에서
날개를 추억하는 저녁이다.

봄명창 오동도

명창이 되려면 소리의 칼로 제 목울대를 찢어야한다
붉디붉은 꽃송이가 댕강댕강
종을 울리듯 봄의 목울대에서 쏟아진다

회초리질하는 바람을 견디며
핏덩이를 토하는 소리꾼의 수련에
오동도는 망막보다 고막이 먼저 글썽인다

눈 어두운 일보다 귀 어두운 일이 더 외롭단다
머리 희끗한 구름이 일러준다
화답하듯 3월이면,
오동도에 가서 눈을 감고 귀를 기울인다

외로움에게 말을 건네려고
'울컥울컥'
누군가의 목울대가 핏덩이를 쏟아내고 있다

목숨을 건 봄의 득음이 시작되었다
사만팔천 개의 소리구멍이 오열하고 있다
발목을 흥건히 적신 선혈의 강에
내 목울대도 부풀어오른다

저렇듯 붉디붉게 핏물을 쏟아야
비로소 완창이다
봄날이 이리 뜨거운 이유다.

뛰어들다

-탈북 1

여자가 달리는 기차에 뛰어들었다
집단 폭력에 절단된 지체들이 흩어졌다
흩어진 지체를 향하여
깃발처럼 나부끼는 푸석한 머리카락과
버리고 온 고향처럼 꾀죄죄한 옷가지와
오갈 데 없는 주인처럼 축 무너진 슬리퍼가
그녀를 입고 있었다
재빠른 도둑들이 남루한 신발을 묻어버렸다
그녀의 행적을 알고 있는 신발이 사라졌으므로
증거불충분으로 도둑들은 여전히 도둑질에 골몰했다

장막 저편에서는 오라비가 된 남편이 부끄러운 숨을 몰아쉬고
장막 이편에서는 누이가 된 아내가 다른 남자의 몸을 받는다
지켜야할 것을 지키지 못하는 바람의
울음이 목구멍을 넘어갈 때
우두둑 목뼈 부러지는 소리가 들렸다 아침에 일어나니
남편이 쌀뒤주처럼 비었다
다음날은 아이들이 식량배급표처럼 사라졌다
그녀를 세상에 잡아 묶던 끈들이 툭.툭.툭. 끊겼다

길 아닌 땅에 떨어진 풀씨
뿌리를 뻗을 땅속도 주인행세를 하는 도둑이 지키고

햇볕 한 줌도 도둑의 허가를 받아야 쬘 수 있는 땅
덫 위에 덫이 놓인 땅
배고파서 도망치는 조각달도 댕강댕강 목이 잘리는 땅

도둑을 피해 도둑처럼 국경을 넘던 밤
풀꽃의 다리는 운해에 떠있었다
침목이 부러진 선로를 희망이 질주했다
다시 풀씨로 돌아간 그녀를
흰 소맷자락을 펼친 달빛이
다시는 길 아닌 땅에 떨어지지 않도록 감싸 안았다.

꿰매다

-탈북 2

강이 얼자 대동맥처럼 목구멍의 길이 열렸다
넘어갈 게 없는 목구멍끼리 목구멍을 훔치는 밤
하나, 둘, 셋, 넷 다섯,
목구멍이 강의 혈관으로 스며들었다
운동화 찢어진 틈새로 겨울이 밀려들었다
걸음을 뗄 때마다 언 발바닥은 돌 맞은 유리창처럼 실금이 가고
통증은 순환버스처럼 실핏줄 사이사이를 누볐다
바늘로 벌어진 생살을 꿰맸다
감각을 잃은 발바닥 헤벌어진 사이로
용암처럼 시뻘건 통증이 분출했다
칼 같은 통증이 꿀꺽꿀꺽 넘어갔다
뱃속을 헤집은 통증은 되새김을 하며
얼음밭으로 고꾸라지는 졸음을 깨웠다
막막한 설원의 다섯 목구멍은
비참이라는 썩어 문드러지는 시간과 설원에서 뒹굴었다

어미는 한입이라도 덜어보려고 넷째를 버렸다
바람의 울음소리가 들렸다
울 힘도 없는 어린 입이 벌어질 때마다
얼어붙은 입김이 통곡처럼 설원을 흔들었다
한 걸음 나가는 일이
만근을 지고 가는 당나귀의 등짐 같았다
버리는 일이 목구멍 채우는 것보다 무서운 일이었다

〉

큰애가 돌아서 달려가더니 막내를 업고 왔다
뜨거운 눈물이 열 개의 눈동자에서 굴러 떨어졌다
은하수처럼 반짝반짝 얼음밭을 녹였다
다시 꿰매진 핏줄이 허기진 걸음을 재촉했다.

환지(還紙)*

-탈북 3

십팔, 낭랑한 나이에
씨팔, 욕이 되었다
바람에 찢기고 바위에 눌리고 굴러다니는 자갈에도 채였다

고프다는 말이
바닥을 치자
심중의 말이 등가죽에 붙어서 소리로 나오지 않았다
'밥 먹자'는 말을 삼키는 어머니의 한숨이 낙엽처럼 흩날렸다
식.구.라는 음절에 먼지가 쌓이고 거미가 집을 지었다
물에 된장을 풀어 빙빙 도는 하늘을 달래던 밤
두견이의 날개 치는 소리가 들렸다
몸뚱이가 식구들 석 달 치 밥이라는데
청이처럼 인당수에라도 몸을 던져야지
두루마리처럼 둘둘 말린 어둠이 국경을 넘는 밤
낭랑 십팔이 욕지기 같은 씨.팔.로 바뀌고 있었다
두엄 같은 입냄새가 식구들 밥값에 팔려온 앵두를 깨무는 밤
백옥 같은 한지에 먹물이 스며들었다
식.구.는 음절에서 끼니를 함께 하는 식구가 되었다
식구들은 지금쯤
이밥에 쇠고기국을 눈물처럼 삼키고 있을까

짓누르는 바위를 굴려버리고 몸을 일으키는데

또 다른 두견이의 날개 치는 소리가 들렸다

먹물이 스며든 몸을
맑은 눈물에 누이면
몸에서 먹물이 흘러내렸다
한 방울의 먹물도 남기지 않으려고
나는 마르지 않는 눈물이 되었다.

*환지(還紙) : 먹물을 물에 씻어 깨끗해진 한지

건네주다

-탈북 4 -두만강에게

세상에서 가장 맑다는 강을 찾았네
꿈길마다 나를 건네던 그 깊은 가슴
한 생을 꿈꾸다 찾은 강의 낯빛은 흙빛이었네
가슴이 얼마나 뜨거운지
마구잡이로 헝클어진 가슴이 보였네
풀꽃들의 발자국이 찍혀 있었네
칼자국보다 아린 눈물자국이었네

나이든 풀꽃은 한숨만 내쉬다가 돌아가고
어린 풀꽃은 강둑에서 개처럼 끌려가고
별처럼 꽃잎이 다섯 장인 풀꽃은
새벽 세시에 아버지를 묻으면서도
소리 내어 울지도 못하네

강은 제 자리를 맴돌았네
무릎을 꺾고 흙탕물을 품었네

눈물보다 맑던 낯빛이 흙빛이 된 줄도 모르고
바다보다 깊던 강심이 개울이 된 줄도 모르고

강을 건넌 풀꽃은,
고비사막보다 더 가슴이 메마른 풀꽃은,
사막을 건너고 정글을 건너고 바다를 건너서
강이 건네주고 싶은
그곳에 종이배처럼 닿았네.

알타이의 바람

대저 육신이 영혼을 품게 마련이지만
알타이의 바람은 영혼 속에 육신이 있다
언다는 일은 육신의 각을 견디겠다는 불굴의 의지
걸음 걸음 고드름이 서걱거린다
카이치*는 바람의 각을 녹여 흘러내리는 육신을 호명한다
그래서 카이는 세상에서 가장 추운 바람의 문장이다
땅을 구르고 계곡을 휘돌아나가 세상을 얼린
황금산맥 바람의 육신이
카이치의 날숨을 통해 녹아내린다
땅을 일으키고 잠든 영웅을 깨우는 카이
설산과 호수를 건넌 장작의
불을 꺼내 쓰는
나이든 노파의 손바닥엔 자작나무가 자라고 있다
세상에서 가장 추운 자작나무숲에 순록의 뼈가 넘치기를
기도하던
열일곱의 처녀가
일흔의 홀아비에게 시집가는 밤
별들은 마유에 목을 적시고
달빛은 눈길에 미끄러지는데
오늘밤 숲에 든 영웅들은 얼음바위로 태어나리라
카이치의 육신인 카이가 날개를 편다
알타이의 피돌기가 시작되었다.

*카이치 : 알타이의 서사시인 '카이'를 부르는 전문유랑가수

기대다

-탈북 5

사립문 너머로 등불이 가물거렸다
아바이의 숨소리가 들렸다
숨소리는 구들장처럼 집을 데우고 있었다
후유, 집에서만은 온기에 기대고 싶은 아들

열네 살 아들에게, 배고픔보다 추위보다 더 배고프고 더 추운 것은 숨소리가 들리지 않는 빈집이었다. 두만강을 헤엄쳐 가슴에 품은 빙두*를 거간꾼에게 건네고, 목숨 값으로 얻은 술 한 병을 들고 돌아온 아들은 숨소리의 온기에 몸을 기댄다.

마을은 날마다 한 집씩 비어가고
어머니는 장사 나간 후 감감이고
장삿길에 어머니치마폭에 묻어온 먼지 같은 의붓아버지
빈 술병 친구 삼아 곯아떨어진 저녁
술을 기다리며 호롱불을 켜둔 의붓아버지,
꽃제비도 직업이라고
열네 살 아들에게 얹혀사는 의붓아버지
술 냄새 진동하는 숨소리도 숨소리여서,
아들은 이 저녁참이 따뜻하다
술 한 병을 일숫돈처럼 안기고 마룻바닥에 하루를 눕힌다

꽃제비 삼 년,
밟히고 얻어맞고 밥보다 욕으로 배부른 시간들이

손가락질과 침처럼 뱉어진 시간들이
삼 년 전 수챗구멍에서 주워 먹은 옥수수 알갱이가
땟국처럼 가슴의 처마에 눌어붙어있다
눈을 감는다
아바이 숨소리가 솜이불처럼 따뜻해서
아들은 꿈처럼 몽롱해지는데
눈물처럼 뜨거운 별들이 폭포처럼 쏟아져내렸다.

*빙두 : 필로폰을 통칭하는 북한의 은어

통샘

통샘은 우리 마을의 블랙홀이다
숯처럼 타버린 검은 속내를 샘에 빠트리면
근심이 감쪽같이 사라진다고
송이 할매가 귀엣말로 소곤댔다
그 흔한 펌프샘도 없어 바가지로 통샘물을 길러먹던
송이 할매는 하루 품을 팔고 오면
통샘으로 간다고 했다
바가지로 통샘의 마음을 흔들면
통샘의 얼굴에 할매의 얼굴이 겹쳤다
달뜨는 밤이면
할매와 달은 누가 먼저랄 것도 없이
하루치의 노고와 근심을 샘에 빠트렸다
통샘은 말없이 다 받아먹었다
통샘이 있어서 목구멍에 밥을 넘기듯이 하루를 넘겼다는 할매
오랜 동안 자글자글 졸인 새카만 앙금들이
삼천궁녀처럼 줄줄이 뛰어들어도
통샘은 얼굴빛 하나 변하지 않았다고 했다
할매의 이야기를 듣고 나도 통샘에 갔다
통샘을 들여다보자 통샘도 나를 들여다보았다
통샘은 목구멍을 열고 내 상처를 블랙홀처럼 빨아들였다
가벼워진 달빛이 왕버드나무를 훌쩍 뛰어넘었다.

쉿, 비밀!

부활을 꿈꾸며 냉동인간이 된다

냉동 후 다시 살아나려면

조건1. 냉동 시 살아있을 것
조건2. 급속냉각
조건3. 서서히 녹일 것

모두 알고 있다

알아도 기억나지 않으면 그만
(기억나지 않습니다)

유언은 死後에 냉동시킬 것

눈뜬 채
쉿,
비밀!

양(羊)의 족보

제 친구는 양공주 딸이에요. 양의 나라는 너른 풀밭이지요. 자운영꽃을 뜯어먹으면 피부색이 보랏빛이 되지요. 토끼풀꽃을 먹는 양들은 피부빛이 하얗지요. 같은 양이어도 피부 색깔에 따라 등급이 달라요. 바람에 업혀온 별들이 양의 족보에 점점이 박혀있어요. 어둠의 터널을 지나온 별들은 어둠을 밝힐 때면 제 몸을 태워요. 생살이 타는 아픔이 족보의 갈비뼈에 고여요. 양의 족보는 뼛속에 뜨거운 설움이 가득 고인 서정시집이지요. 구절양장으로 친친 감긴 족보를 펼칠 때마다 친구는 자운영 꽃을 피우듯 보랏빛 눈물이 꽃비처럼 날아 내려요. 족보 속 깨알처럼 찍힌 먹물에는 양들이 일생동안 흘린 눈물이 누렇게 말라붙어 있어요. 사막의 미라처럼 껍질뿐인 족보가 별들의 불꽃놀이에 활활 타올라요. 친구의 눈물이 낙화처럼 고실라져요. 머지않아 친구의 짓무른 눈가에 아기열매가 맺히겠지요. 별빛들도 아늑한 고향으로 저물어가요. 변덕쟁이 바람도 불꽃놀이에 지친 별들을 부드럽게 쓸어안아요. 편안해지는 밤이에요.

| 해설 1 |

모성의 숲, 그 울창한 파장 / 김종

| 해설 2 |

존재의 시원에 대한 재해석/김병호

| 해설 3 |

몸을 통과하는 생의 은유/염창권

| 해설 4 |

자기성찰과 현실인식 ; 변혁적 소양(素養)과 관련하여/백인덕

모성의 숲, 그 울창한 파장

- 전숙 시인의 독법

김 종
(시인, 화가)

시인의 개성을 작품으로 평가받는 일만큼 영광된 일도 드물 것이다. 문학에서 개성은 창작한 시인만의 고유한 재산이기 때문이다. 개성은 본디 타고 났거나 후천적으로 길러진 시인의 기질이나 정신이며 작품 속에 담아낸 차별화된 가치성이다. 문학작품을 평가하는 일에는 늘상 그 시인의 개성을 어찌 끌어낼까로 고민하는 것이 평자들의 공통된 고민이다. 딱히 생각되는 것이 미세한 부분으로 전체를 열어가는'기미에서 전체'라는 확산성의 방법이 효과적이겠다. 말인즉 태평양의 물맛을 맛보려고 바닷물 전부를 마실 필요는 없다는 말이다

전숙에게서 읽은 관세음보살의 이미지

전숙(全淑,1955~) 시인의 작품을 읽으면서 '글은 곧 사람'이라는 부폰의 생각과 레온 에델이 말한 '그 나무에 그 열매'라는 명제를 떠올렸다. 그만큼 그의 작품은 작가의 인간적 면모에 이어져 있다. 부폰에 기대면 문학은 개성의 산물이고, 레온 에델에 기대면 인간과 문학은 일심동체다. '전

숙'이라는 나무에서 '전숙'이라는 시를 열매로 수확하는 것은 마땅한 이치이며 어쩌면 그의 문학을 가름하는 보다 적절한 논의가 될 것으로 여겨진다.

전숙이라는 나무에서 전숙이라는 시의 열매라! 작은 물줄기에서 시작한 그의 언어적 흐름이 폭과 깊이와 길이를 더하면서 대단한 수량의 강물을 만들고 있다. 이번 시집 『아버지의 손』에서 그가 조성한 시의 숲이 얼마만큼 울창하고 웅숭깊은지는 독서하는 분들이 인지하겠지만 그가 여기까지 오기에는 여러 굽이의 샛강들이 어우러졌고 그 샛강들이 합쳐져 유장한 물길로 흘러가고 있다.

전숙 시인을 처음 만났을 때의 말이 지금껏 꽂혀있다. "우리 만난 적 있던가요?" "대한민국 표준형인 둥글넙적벙벙형이라 그런 말 곧잘 들어요." "둥글넙적 벙벙형이라?" 자신을 표현한 전시인의 이 말은 듣는 순간부터 내심 곱씹어야 했다. 아하, 그랬었구나. 어디선가 본 듯한 얼굴 생김새, 그의 문학에서 읽었던 우리들의 어머니 상 내지는 관세음보살의 이미지가 바로 그것이었다. 전숙 시인의 문학도 그의 첫인상처럼 그렇게 다가왔다. 후덕한 미소를 담아낸 얼굴에서 사람의 따뜻함을 읽어내는 것, 어쩌면 전숙 시인의 인간과 문학을 가장 근접하게 스케치한 표현일 듯하다. 그래서일까. 전숙 시인이 지금껏 보여준 시적 표정이랄까, 기질이랄까는 시적 사물에 스민 모성에서 시작되고 그는 그것들을 치열하게 언어로 치환해 왔다.

전숙 시인의 이전의 활동은 접기로 하고 세상에 본격 소개되기는 《시와사람》 신인상부터이며 숨 가쁘게 달려온 그의 작품적 성과는 괄목할만하다. 첫 시집 『나이든 호미』(2009), 이어지는 『눈물에게』(2011)이후 "올해의 좋은 시"와 문제시에 해를 이어 등극했고 단일한 주제의 5,18추모

시를 내리 8년간, 천변만화의 장강처럼 다듬어냈다. 그러면서 그의 시적 장도(壯途)를 지지하는 평가가 늘었고 신문 기사문, 월평, 서평 등에서 줄줄이 격려와 찬사로 이어졌다.

모르는 것을 아는 척 하는 허황한 포즈도 없으며, 뜸이 덜든 밥알의 거친 숨소리도 없다. 시인은 차분하고 진지한 사색을 통해 사소한 것들에게서 생의 미묘한 기미를 문득문득 발견해낸다.

-안도현(시인)

모든 시는 결국 자신의 생이 내미는 이름표와도 같은 것이다. '늙은 오이의 노래'를 읊조리는 '삶의 낮은 자리'에 대한 성찰이 돌연 눈부시다.

-정윤천(시인)

과거를 회상하거나 그리워하는 데에 함몰되지 않고 현실을 직시하고 미래를 지향 한다. 이리가라이의 세계관처럼 자신의 여성성을 품으며 여성의 족보를 만들어가고 있는 것이다.

-맹문재(시인)

늙은 여자들은 전부를 자식들에게 내줘서 현재의 삶이 초라하다. 남은 것은 아픈 몸밖에 없다. 전숙은 시의 문장들을 통해 세상의 모든 늙은 여성들에게 위로를 건넨다. 명절은 시골에 남겨진 부모들에게 일생의 꼭 하루처럼 특별한 날이다. 자식을 만나는 일처럼 효과 높은 진통제는 세상에 없다. 쑤시던 뼈마디의 통증이 어느 추석 달빛과 함께 잠든다.

-정상철(시인)

어머니기 시집올 때 가져온 장롱에서 숲을 본다. 육십 년이 된 장롱은 낡았지만 어머니의 삶의 흔적들이 배인 것으로 화자 역시 어려서부터 같이 해 온 물건이다.……오래되어 낡은 장롱에 배인 수많은 서사가 끊이지 않고 이어지는 모습을 그린 시인의 상상력에서 삶의 진정성과 깊이를 느끼게 한다. 또한 경박한 것들이 자리를 차지한 오늘날 삶의 의미를 다시 한 번 사색하게 한다.

-강경호(시인)

가족관계에서 동행이 이루어지지 않는다는 것을 증명하고 있는 것이나 '복룡댁의 가슴에도 누군가 부드러운 객토를 듬뿍 깔아준 것일까'로 마무리되는 따뜻한 시선은 동행의 의미를 새롭게 변주하고 있다. -박해림(시인)

"걸레"는 '섬김'과 '죽음'의 상징이 되어 "세례"의 참된 정신을 구현하는 것일진대, 모름지기 "세례"를 주고받는 모든 행위 이면에는 "걸레"의 정신이 깃들어 있어야 하는 것이 아닐까? - 전숙의 「걸레의 세례」 -이종섶(시인)

전숙 시인의 시적 성과를 담보한 관심의 언어들이 이처럼 여러 갈래로 빛어지고 이를 작량한 시인은 덩실한 노적가리와 마주한 기분이리라. 전숙 시인은 시적 자존심을 위해 자신의 전부를 가름하는 경우가 많다. 그만큼 시인에겐 쌓아올린 언어가 자신의 시적 자존심의 높이였으며 자신의 평가를 위해 밤잠 줄여 절차탁마한 세월이었다.

장맛 같은 詩, 바람과 햇빛이 빚다

시인 자신도 『나이든 호미』 머리말에서 자신의 시의 발원지가 '어머니'이며 자신 또한 한 사람의 '그 과일 속살 같은 촉촉하고 달콤한 말, 엄마'로 발언대에 나와 있다. 그로부터 자신과 마주하는 삼라만상의 뒤꼍에 '없는 듯 숨어있던' '모성'이 '시의 기둥이 되고 심장이 되었음'을 고백처럼 밝혔고 평자들 또한 모성의 언어들이 시인의 의도된 세계임을 한결같이 지적해 왔다.

나이든 호미가 힘들어 보여 젊은 호미를 샀다. 김을 매는데, 젊은 호미는 다짜고짜 풀숲에 달려들더니 날카로운 손톱을 바짝 세우고 풀뿌리를 댕강댕강 막무가내로 끊어버렸다.

날이 밝자 글쎄, 잘려진 뿌리에서 새움이 쏘옥 혓바닥을 내미는 것이었다. 이제 그만 쉬라고 두엄자리에 얹어둔 나이든 호미를 다시 집어 들었다.

호미는 오랜 노동에 뭉툭해진 손톱으로 뿌리에게 무어라 어르고 달래는 것 같았다.

실뿌리 한 올까지
호미에게 내어준 바랭이는
쌀강아지 혀처럼 보드랍고
따뜻한 햇볕에 순해진 눈물을 말렸다

나이든 호미는
잔뿌리에 달라붙은
설움 같은 흙덩이를
가만가만 털어주었다.

-「나이든 호미」 전문

위의 작품이 추진되는 과정에는 '나이든 호미'와 '젊은 호미'가 배역으로 상대화되어 다분히 우리들 시대의 풍속화처럼 그려진다. 숙련된 독자가 아니어도 요즘 세상에 늙은이가 '뒷방차지'인 것은 새삼스럽다. 그래서 '이제 그만 쉬라고 두엄자리에 얹어든' 호미는 요샛말로는 인간 퇴물이다. 그리고 '젊은 호미'는 세상의 흐름을 타고 잘 나가는 삐까뻔쩍한 능력의 소유자다. 다짜고짜로 덤벼들 힘 있겠다 바짝 세울 날카로운 손톱 있겠다 그랬으니 달려들어 헤친 풀숲에서 풀뿌리 따위야 막무가내 댕강댕강 끊어내 버리는 것은 문제도 아니다. 앞뒤 살피지 않고 실적과 성과만을 내세우는 세태에 잘도 편승한 이 같은 '젊은 호미'의 역할이'나이든 호미'는 자못 걱정스러운 것이다. 젊은 호미

날에 잘렸으나 쏘옥 혓바닥 같은 '새움'을 밀어 올리는 풀뿌리에게 나이든 호미가 '무어라 어르고 달래는 것 같았다'는 표현에 오면 "실뿌리 한 올까지/호미에게 내어준 바랭이"의 그 '순해진 눈물'의 의미까지를 읽어내게 된다.

세상회전이 빠른 관계로 나이 40도 못 되어 퇴출도장이 찍힌 세태를 설득력 있게 조심조심 다독이고 위무하는 「나이 든 호미」의 시적 교훈성은 새삼 "설움 같은 흙덩이를 / 가만가만 털어주는" 자상한 '모성'에 모아져 있다. 시인은 젊은 지식의 날카로움이 이웃과 주변에 얼마만큼 상처를 입히는가를 목격하면서 나이든 호미의 "그 뭉툭한 덕성이 바람과 햇빛과의 오랜 우정 끝에야 비로소 우러나오는 묵은 장맛 같은 지혜라는 것"을 깨달았음이 이 시의 절정이다. 모성의 세월은 뒷전에 밀린 인고의 세월이다. 감싸고 어루만지고 새싹 올라오는 자리를 북돋아주는 것은 상처마저도 부러진 흥부네 제비다리처럼 약 발라주고 동여매주는 정성과 사랑의 성정과 일치한다.

암컷들은 아무리 가난해도
몸속 은밀한 곳에 주머니 하나씩 숨겨둔다고 한다

암컷들의 목구멍으로 넘어가는 것들은
주머니 속에 알콩달콩 쌓여 젖별이 된다
주머니를 뒤집어보면
은하수 같은 만경창파에 빨대들이 빼곡히 꽂혀있다
빨대 끝에는 실팍한 젖별들이 남실거리고
초승달 같은 어린 주둥이들이 찰싹 달라붙어있다

오목오목 물 당기는 소리
꼴딱꼴딱 논밭 적시는 소리

아름답다

오랜 가뭄 끝의 저수지바닥처럼
생살이 다 타버릴 때까지
주머니는 제게 남은 젖별을 아낌없이 흘려보낸다

암소를 잡던 날 알았다
주머니를 들어내니
암소의 살집은 몇 점 발라낼 것도 없이 초췌하였다

누군가 말했다
암컷들은 주머니 빼면 허방이여.

-「소 잡는 날」 전문

우선 제목만으로는 섬뜩한 느낌이 스친다. 「소 잡는 날」, 처음에는 필자도 조심조심 이 작품에 진입하다가 "어어 이게 아닌데"에 이르고 말았다. 도축장에 끌고 갈 소를 흥정하는 자리에서 착상된 이 작품은 새끼 길러낼 주머니를 본능적으로 여민 암컷에 대한 인간적 연민을 진하게 담았다.

은밀하게 새끼 기를 주머니 하나씩을 숨기는 암컷은 빨대 끝에 "어린 주둥이들"을 매달아두고 있다. 이 작품에서" 꼴딱 꼴딱 논밭 적시는 소리"나 "가뭄 끝의 저수지 바닥" 등은 표현이 못내 핍진하며 주머니는 만경창파에 빼곡히 꽂힌 빨대들을 위해 온갖 것을 제공하고 헌신하는 우주가 된다. 그래서 어미는 태내에 저장할 영양소를 위해 늘 빈혈에 시달려야 하고 결국 남는 것은 허방뿐이라는 사실에 다다른다. 시작메모에 기대면 "암놈은 무게가 아무리 많이 나가도 헛것이여. 자궁 빼고 나면 고기는 수놈 반도 안 나간단 말이시." 축사에서 소를 팔면서 거간꾼들의 두런거리는 소리에 시인은 신과 인간과의 관계도 이 같은 것이 아닐까를 생각했었다고 한다.

천국도 극락도 태중(胎中)이라는 사실!

줄이고, 주머니 속에 아껴두는 마음과 자궁과의 상관관계. 측은지심에서 집어낸 생명정신의 근원은 삼라만상 모두에게 귀결될 터이다. 어미와 새끼는 희생과 섭생으로 좁혀지고 산모는 빈혈에다 영양실조여도 태내의 새끼만은 영양공급이 충분한 이 엄청난 모성의 절대성! 종교에서 설정한 천국과 극락도 모두가 어머니 태중이라는 것은 고급상징이 되지 못한다. 태아의 열 달 간은 모든 조건에서 원만구족의 극락 체험이며 다시금 돌아가는 회전성으로 구원(久遠)의 세계에 이른다.

「눈물에게」에서 읽어낸 정신도 눈물을 매제로 한 '적들의 아픔까지도 유리알처럼' 투시하는 '세상의 순한 눈들'과 방향을 바꾸어 제 마음을 찌르는 '가시'로서의 눈물을 희생과 관용을 바탕에 깐 모성세계의 한 모습으로 읽을 수 있었다. 상대의 아픔마저 자신의 아픔으로 받아들이는 인식에는 당초 눈물이 가시였다 해도 상대를 향한 공격용도 자신을 지키는 방어용도 못된 터에 자신의 내출혈을 감행하는 시인의 자기희생이 고스란히 스며있다. 자신을 무한히 내주고도 자식들의 마음이 다칠까봐 내놓고 꾸짖지도 못하는 어미의 노심초사가 아름답게 읽힌다.

어느 때쯤부터 명절에도 어머니 약지가 빈자리였습니다.

세월의 어금니에 뭉그러지던
팔순의 무게와 부피는
조금씩 헐거워지더니
어머니는 생의 반지에서 아예 흘러내리고 말았습니다

장롱 깊은 곳, 빛바랜 자수손수건에 서너 겹 고이 싸인
반지의 약지에서
어머니, 빛나고 있었습니다
눈가에는 네 겹 잔물결 오지게 일렁였습니다

반지를 문지르니
"옆집 새댁 알반지 참말로 곱드랑께."
어머니……. 꽃시절, 들렸습니다.

-「반지」 중에서

일상의 어머니는 호사에서도 늘상 뒷전이다. 「반지」속의 어머니 또한 청빈이나 사양이 몸에 밴 터. 그래 "곧 죽을 목숨이 무슨 새 옷이냐며" 새옷마저 손사래 치던 팔순의 어머니도 막내를 시켜 "알반지 하나 맹글어" 오라는 '뜬금없는 통사정(?)에서 여성 특유의 호사취미가 숨 쉬고 있다. 그러나 그마저 고실라진 꽃대에 물이 오르듯 딱 하루만의 호사였다가 식구들 모이는 명절날에만 약지를 밝히는 반지였는데 어느 때부턴가 받아들인 운명 같은 빈자리에 오면 나이 들어가면서 생긴 뒷자리가 자못 쓸쓸하다. 어머니에게도 옆집 새댁의 알반지를 부러워하던 한 시절이 있었다. 그러나 시간은 어머니 눈가에 네 겹 잔물결로만 오지게 일렁였을 뿐 반지는 깊은 장롱의 서너 겹 빛바랜 자수손수건에 싸여있다. 반지에게서 시인은 어머니의 꽃시절을 듣게 되고 여전히 반지의 약지에서 빛나고 있는 어머니를 만나게 된다. 이 작품의 시적 체험은 어쩌면 시인에게까지 대물림되는 것은 아닐까.

땅이 왼다리를 전다
왼쪽으로 기울어지는 몸

강한 오른손에 밀려 움츠러든 왼손
주방보조처럼 제대로 된 음식 만들어 본 적 없다
길 왼쪽에 몸을 푼 작은 저수지
오랜 봄가뭄에 자궁이 열려 있다
낙태의 흔적일까
자궁내벽 생살 움푹 패어있다
군무를 추며 상처를 핥는 하루살이무리
치맛자락을 잡아당겨 흉터를 덮어주려는 듯
깊은 골을 따라 애잔한 물줄기 서넛
긴 자락을 끌고 있다
형제 중 공부가 뒤처진다고
왼손처럼 자꾸만 움츠러들었던 작은 언니
교통사고로 우리 곁을 떠난 뒤
어머니는 왼 무릎이 운다며
앉기만 하면 왼 무릎을 왼손바닥으로 쓸어주었다
모든 애잔한 것들은 왼쪽으로 몰리는 걸까
왼쪽 하늘이 붉게 충혈 된다
더는 못 참겠다는 듯
염증이 서럽도록 붉게 번진 어머니 왼 무릎이
산등성이로 풀썩 꺾이고
아픈 살이 떠나자
남아있던 몸도 이내 어두워졌다.

-「왼쪽이 아프다」 전문

「왼쪽이 아프다」의 에스프리는 이 나라의 왼쪽 콤플렉스까지 그 의미가 확대되는 작품이다. 흐름에 따라서는 제목에서부터 자칫 도그마의 한계를 보여주기 십상인데 풍성한 언어적 진행과 밀도 있는 여러 갈래의 개성을 만들어가고 있다. 제시된 풍경은 무관심에 가깝게 땅, 몸, 왼손, 길 왼쪽에 고여 있는 작은 저수지 등등을 치맛자락 잡아당기듯 끌어다 덮어두고 뒤처진 공부 땜에 자꾸만 움츠러들던 작은 언니가 교통사고를 당한 뒤 왼 무릎을 왼손 바닥으로 쓸어 주던 어머니의 왼쪽사랑이 도드라진다. 새삼스럽지만 성경 속의 '잃어버린 한 마리의 양'도 같은 맥락의 비유이며 '깨물어 안 아픈 손가락 없다'는 속담 또한 마찬가지이리라. 기울어지거나 애잔한 것은 오래도록 눈에 밟히는 법. 그것들이 지어낸 슬픔이라야 더 큰 감동에 물결쳐 간다. 아름다움의 속성은 슬픈 것이며 약자의 시련은 시련 이상의 연민과 관심을 획득한다. 놓쳐버린 것에의 아쉬움 또한 상대적으로 극대화되고 이내 뭉게구름 같은 환상에 이르러 환상의 외진 길목이 아픈 왼쪽처럼 시리다.

'고요 중의 고요'가 '끈'으로 이어져

근자에 정부가 좌측보행을 우측보행으로 바꾸었다. 레드컴플렉스가 원죄시 되는 대한민국에서는 이 부분만으로도 진정을 외면하는 또 다른 상상을 지어내고 "모든 애잔한 것들이 왼쪽으로 몰리는" 일에 신경이 쓰여 왼쪽하늘이 더는 못 참을 만큼 붉게 충혈 될 만도 하다. 더 큰 관심 밖에서 항상 소외되어 지내던 작은 언니는 살아평생 조연이거나 순종하는 왼쪽이었다. 아픈 살이 떠나간 뒤에 남겨진 살들은 연민으로 어두워질 수밖에 없음이다.

> 하늘이 땅이 되고 땅이 허방이 되는 허기의
> 번뇌에서 날개는 정지한 듯 보이지 않는
> 속도의 퍼덕임으로 어미의 강을 날았다 맨땅에서
> 버둥거리는 날갯짓은 바윗덩이를 매단 자맥질이었다
> 어미는 삭아 내리는 날개를 옹이 박힌 입으로 핥았다
> 날 수 없는 날개는 눈물이었다
>
> -「바람을 위하여」 중에서

이제 「바람을 위하여」에 이르렀다. 지면의 한계로, 여기서는 평면적인 작품 감상에나 만족하지만 편 편의 작품들이 모성적 진실을 공통분모로 하면서도 저마다의 표정이 차별화되어 이들을 굳이 하나의 자리에서 한 두 갈래로 추상화시킬 필요는 없겠다는 생각이다. 「바람을 위하여」도 작품의 문제성은 진지하다. "스스로 입을 지워버린 어미" 인 황금누에는 생의 절정인, 우화한 순간에 별을 향해 날던 나무가 옹이를 만들듯 입을 꿰매어 퇴화시켜버린다. 그러니까 바람이 된 황금누에는 허기진 날개만으로 어미의 강을 날았으나 바윗덩이를 매단 자맥질로 비상은 미수에 그치고 만다. 이미 어려운 시절의 부황 든 어미처럼 깃털 하나씩 뽑아내며 멀어지는 생의 소실점이 되어 비행운에까지 나아간다. 생활이 나아져도 어미는 늘 고난의 중심이다. 식구들을 먹이자고 뒷전에서 맹물로 허기를 채우다 보니 어미가 맨 먼저 부황이 들었을 것은 불문가지. 먹이를 두고도 새끼 산란을 위해 입을 퇴화시킨 황금누에 나방이나 새끼양육을 위해 긴 시간을 허기 속에 지내는 왕문어 등속을 대하다 보면 삼라만상에 깃들인 모성은 입으로 발설하기에는 너무나 큰 우주적 사랑이다.

꿈을 낳는 일이나
꽃을 피우는 일이나
짚신 벗어놓은 댓돌 돌아보는 일이라고
반눈 감으신 어머니 삼천배의 삼천 배에
마음 약한 관절은 첫눈처럼 녹아내리네
-「아리바다」 중에서

둥 둥 둥
지축을 울리며 내달아오는 살기에

천애의 벼랑에서 까치발로 서있었을 날개
하늘 담은 눈에 맺혔을 더운 물방울
노심초사의 작은 기척도, 본능의 몸서리도
더 널찍하게 더 깊숙이 끌어안았을 모진 끈

-「끈」 중에서

두 편의 작품도 예의 모성은 주제적으로 읽힌다. 「아리바다」는 코스타리카 현지어로 '도착'을 의미하고 800m에 불과한 좁은 해변에서 8월부터 11월까지 수만 마리 바다거북이 4천Km의 대양을 건너와서 땅을 파고 알을 낳는다. 어미거북은 바다로 돌아가지만 최대 7천만 개의 알이 50일 동안에 부화하는 지상적인 장관이 펼쳐진다. 그 과정에서 사람이나 오소리, 독수리 등 맹금류가 가져가거나 포식하고 그 뒤에 살아남은 놈은 3%, 어미 거북으로 자라 돌아온 놈은 0.1%인데 바다거북은 이들 포식자들을 먹일 몫까지 넉넉히 알을 낳아 행운(?)으로 부화한 새끼가 돌아오기만을 기다린다. 새끼들은 희박한 생존확률 속에서 뒤집어지고 찢기고 잡아먹히면서도 모성의 품을 찾아 달려가는 것이다. 바로 이 사연을 노래한 화자에게 生이란 '휘돌고 휘돌아도' 눈물 그렁한 향심력으로 그려진다. 어미가 자식을 갖는 일은 본능 가운데서도 꿈을 낳고 꽃을 피우는 일만큼이나 성스럽다. 그 성스런 일이 한편으로는 "짚신을 벗어놓고" "댓돌 돌아보는 일"일만큼 아득한 일이다.

「아리바다」에서 읽어낸 모성의 견인력은 가히 초월적이다. 신이 설계한 구도 속에 0.1%만의 확률로 어미는 기다리고 새끼는 달려가는 과정이 아직도 끝나지 않은 우리 시대의 생존적 고리이자 전설이 아닐까.

외로운 섬, 우리 시대의 아버지들

「끈」은 "노심초사의 작은 기적"을 "더 널찍하게 더 깊숙이 끌어안았을 모진 끈"으로 하여 또 한 굽이의 모성을 만든다. 모성은 희생 그 자체이며 동물세계를 포함한 사랑의 절대성이다. 예초기 칼날에 목이 잘리면서도 알을 품는 까투리의 그 넘어설 수 없는 모성을 성스럽다거나 아름답다는 수사로 만족하겠는가. 시인의 「끈」은 산을 태우는 열기에 타죽거나 모가지가 잘려나갈지언정 제 목숨보다 우선하여 새끼를 보호하는 동물들의 '본능적 사랑'에 연유된 저 끊어낼 수 없는 '끈'의 형상성이 직핍하다. 그리 보면 이 지상의 '모성적 이데올로기'는 전숙의 이 '끈'으로 수렴되는 셈이며 시 정신으로써의'한 마디 弔辭'까지를 목표하고 있다.

사막을 보고 있다
만지면 고운 모래가 묻어날 것 같은
고요가 고요를 말리는 건조증이 아직 진행 중이다
저 사막에도 용트림하듯 거센 강물줄기 흘렀었다
회초리를 들어 내 장딴지를 후려치던
그 강단진 패기는 어디쯤에서 말라버렸을까
한 장 한 장 생을 굽듯이 아스라하게 구워낸
내 대학등록금을 은행창구에 들이밀 때
아버지의 손은 사바나로 변하고 있었으리라

나는 회초리 든 아버지의 푸른 손만 기억하였다
모래바람이 아무리 거세게 불어도
아버지의 손은 언제나
내가 편히 쉴 늘 푸른 초원인 줄 알았다

한 방울의 비도 내리지 않은 혹독한 시절을

무소의 뿔처럼 홀로 지고 걸어간
아버지의 강과 샘은 하얗게 말라붙어

눈감고 만지면 아버지의 손은
죽어 천년을 산다는 사막의 나무
한때 그 몸에 푸른 이파리 살랑였던 기억까지
깡마르게 지워낸 호양나무의 수피처럼
갈기갈기 거친 호흡으로 덮여 있었다.

-「아버지의 손」 전문

우리들의 아버지는 바깥어른이다. 가족들 모두는 아버지의 존재를 깜빡깜빡 잊고 지낸다. 더군다나 아버지의 손을 만지거나 살펴볼 기회는 더더욱 없었다. 시인도 자신의 아버지 손은 직접 살피거나 만진 기억이 없다고 한다. 그러던 시인이 근무하던 지역 어르신의 손을 보고 아버지의 가슴 시린 세월을 느꼈고 이를 받아쓰듯 시로 옮겼다고 한다.

시인이 아버지와 비슷한 연배의 어르신의 손을 보고서야 아버지의 손을 떠올렸다는 것, 그리고 그 손에서 아버지의 지난 세월의 인고와 아픔을 읽었음이니 시인의 마음이 어찌 결곡하지 않으랴. 바위처럼 자신의 의무와 책임을 감내하면서도 뒷전에서는 외로운 섬으로 떠있어야 했던 우리 시대의 아버지들이 지금 "만지면 고운 모래가 묻어날 것 같은/고요가 고요를 말리는 건조증"에 노출되어 있다.

여기에서 시인이 제시한 '사막'은 단일한 의미로는 읽히지 않는다. 애초 아버지의 사막은 비바람과 병충해에도 풍년을 가꾸던 너른 들녘이었다. 이 들녘에서 아버지는 "용트림하듯 거센 강물줄기"로도 흘렀고 다가가 편히 쉴 수 있는 "늘 푸른 초원"이기도 했었다. 어찌 병충해와 풍수해가 한두 번이었을까 만 그 같은 천신만고에도 가족과 자식들을 방파제처럼 막아서서 배불리 먹인 산 같은 곳간이었다. 그 아버지에게도 "한 방울의 비도 내리지 않은 혹독한 시절"도 있었고 "무소의 뿔처럼 홀로 지고 걸어간" '푸른 손만'의 시간도 거쳤으리라. 그런 아버지임에도 지금은 모성의 그늘에 가려져서 어깨 쳐진 구석 참 등물처럼 물러앉았다. 「아버지의 손」은 자칫 놓치기 쉬운 아버지의 노고와 사랑의 시간을 물줄기가 말라버린 사막의 시간으로 그리고 있다.

아버지의 세월은 때로 강단진 회초리로 표현되기도 했다. 그 강단진 뒷전의 아버지는 한 장 한 장 구워낸 "내 대학등록금"을 은행창구에 들이밀 때 어느덧 사바나로 말라가던 손이기도 했다. 이 텍스트에서는 아버지의 그 같은 노심초사와 헌신의 세월이 죽어 천년을 산다는 호양나무의 거친 피부로 환치되고 "갈기갈기 거친 호흡으로"고되게 수고하던 굴곡 많은 세월로 묘사되어 있다. 필자는 「아버지의 손」을 읽으면서 우리 시대의 아버지를 이처럼 넉넉하면서도 절절하게 감상했던 시간이 언제였을까를 더듬어 봤다.

싱크대 맨 아래서랍을 여니 닳아진 놋숟가락이 가부좌를 틀고 있다. 지금 무슨 화두로 수행 중이신가?

쓸모없어졌다고 뒷방에 치워둔 어머니를 불러내어 추억처럼 감자를 벗긴다. 감자 깎는 기구로 벗길 때는 한 움큼씩 떨어져나가던 감자속살이 숟가락으로 벗겨내니 표피만 얇게 벗어진다.

"오냐오냐, 그렇게 살살 다루어야지. 감자가 키워낸 아까운 살 몽땅 깎아내면 안 되느니라."어머니 잔소리 들린다.

'닳아졌다'는 말

날선 촉수들이 하나씩 잘려나갈 때마다 가슴살도 푹 파이며 겪을 것 안 겪을 것, 볼꼴 못 볼꼴 다 살아내어서 돌팍에 넘어져도 눈물 몇 방울 찔끔거리지도 않고 하늘 한 번 쳐다보고 훌훌 털고 일어나는 저 풀꽃처럼 짓밟히고 짓밟혀서 닳아진 생들.

닳고 닳아 시멘트바닥 같던 외할머니의 거친 손바닥이 한 번
지나가면 가렵던 등짝이 바람 잔 것처럼 시원했다.

뿌리 깊은 나무는 닳고 닳은 삽만이 상처 없이 캐낼 수 있다.

-「닳아진다는 것」 전문

'닳는다'는 말은 그동안 속어적인 표현으로는 세상을 능구렁이처럼 감언이설과 미봉책으로 살아가는 다분히 사기성이 농후한 자들을 표현한 말이었다. 순수하지도 정직하지도 못한 약아빠진 자들의 속성을 소위 '닳아졌다'는 말 속에 담아내는 일이 빈번했던 것이다. 그러나 그 말의 의미적 포폄은 정반대적 인식으로도 사용했었다. 힐튼 핫이 말한 "녹슬어 사라지기보다는 닳아져서 사라지기를 소망하노라" 했을 때의 그 '닳아짐'의 의미는 사뭇 치열하고 전력투구하는 자의 모습을 읽을 수 있다.

생의 갈피마다 숨어있는 시적 에피파니를 찾아내는 놀라운 능력

전숙 시인은 날카롭고 이기적인 인간본능이 닳아지고 닳아져서 이제는 누구에게도 상처를 주지 않는 초탈한 인격에다 '닳아졌다'는 표현을 올려, 새 의미를 부여하고 있다. 전숙은 이미 첫시집 『나이든 호미』에서 오래 사용하여 호미 날이 무뎌진 호미에서 인간의 덕성을 찾았고 "닳아진"의 의미적 외연을 넓혀냈다. 확실히 전숙 시인에게 '닳아진'의 의미는 인자한 모성에 나아간 사랑과 보살핌과 위로의 의미를 읽을 수 있다.

「닳아진다는 것」은 "싱크대 맨 아래서랍"에서 가부좌를

틀고 있는 "닳아진 놋숟가락"에서 시작한다. 이야기는 진전하면서 감자 깎는 기구 대신에 뒷방 어머니에게 감자 벗기는 일을 맡긴 소회가 "표피만 얇게 벗겨낸다"였다. 어머니의 감자 벗기는 지혜는 평소 잔소리처럼 들어왔던 "살살 다루라는"것에서 비롯된다.

여기에서 '닳아진다'는 말의 파장은 그 '내포'가 이내 선한 지혜로 바뀐다. 가히 여성시의 족보를 세우고 모성의 울창한 숲을 가꾸는 전숙 시인의 생각이나 표현이 이 같음이다. 거기에서 시인은 이내 "볼꼴 못 볼 꼴 다 살아내어서 돌팍에 넘어져도 눈물 몇 방울 찔끔거리지도 않고 하늘 한번 쳐다보고 훌훌 털고 일어나는 저 풀꽃처럼 짓밟히고 짓밟혀서 닳아진 생들"에 이른 것이다.

이쯤의 닳아진다는 말에서 우리는 "그렇게도 가렵던 등짝이 바람 잔 것처럼 시원했"다는 외할머니의 거친 손바닥으로 옮겨간다. 이제 닳고 닳아진 삽 한 자루가 깊이 뿌리내린 나무를 상처 없이 캐낼 수 있음이다. 그래 '닳아진다'는 어휘 하나로 천지만물에 대한 측은지심이 이리 스미도록 흘러가는 것을.

반눈 뜨고 해바라기에 열중하던
오래된 오이는 손을 내밀자 덥석 안겨왔다
아삭하게 씹히던 싱싱한 초록은 어디에 숨었을까
된장 밑에 넣어 장아찌나 담그려고
이빨이 홀랑 빠진 잇몸을 토막 내는데
아뿔싸, 손톱 밑에 박히는 썩은 송곳니

치매요양원 신참이신
오이할머니의 기저귀는
무례하게 달려드는 맨 눈살에
숨은 가시 하나, 아직 샛푸르다

주름진 이파리 뒤꼍에 오래된 바람이 눕는다
아무나 흘겨도
쏘아줄 서슬은, 가물가물 저물고
손뼉 치는 노을이 부르는 노래에 눈물 듣는다
앞산에~ 저 나무는 날로~ 날로 젊어가고
무주공산 이 내 몸은 날로~ 날로 늙어지네
아리아리~쓰리쓰리~
고실라진 어깻죽지가
묵은 노랫가락에 절로 들썩이는 것이었다.

-「오래된 오이」 전문

자칫 오래되고 낡은 것들은 무시되거나 잊혀지기 일쑤인 요즘이다. 날로 날로 젊어가는 앞산의 저 나무처럼 어린 것들만 앞세우고 오래된 것들은 누구도 눈길 한번 주지 않는 천덕꾸러기의 세월이 아무렇게나 널브러져 있다. 이름 하여 치매요양원에 수용된 노인들. 이곳에서 기저귀를 찬, 오래된 오이 같은 할머니들은 오늘도 어제처럼 수치심도 인격도 죄다 버리고 "주름진 이파리 뒤꼍에 오래된 바람"으로 누워있다.

적어도 오이 같은 할머니의 생의 놋그릇에는 "아삭하게 씹히는 싱싱한" 시간이 들어 있다. 그것들은 세월의 침식작용 앞에서 "이빨이 홀랑 빠진 잇몸"이 되거나 "아리아리~쓰리쓰리~/고실라진 어깨죽지"로 바뀌었지만 실에 있어 "된장 밑에 넣어 담근 장아찌" 같은, 아니면 "아직 샛푸른" 날카로운 가시 하나의 전설 같은 생의 대목이 여직 남아있다는 사실이다.

오래된 오이는 기저귀에 의탁하여 고실라져 가는 '썩은 송곳니'일 수는 있다. 부끄러운 부분이나 누렇게 바랜 자존심은 기저귀로나 가린 채 쭈글쭈글한 노랫가락으로 누웠다가 손을 내밀면 덥석 안기는 아기일 수도 있다. 그러나 시인은 이 같은 광경에서·사진을 찍듯이 삶의 갈피마다 숨어 있는 시적 에피파니를 포착한다.

긴 말이 필요 없이 우리네 생의 과정에는 이승과 저승을 이어주는 대기 장소 같은 연옥이 존재한다는데 벌써 오래 전에 바로 요양원이란 이름으로 행세하고 있다. 「오래된 오이」에는 하세월로 시들고 있는 오이들이 긍휼에 터 잡은 인간정신이 노래되고 있다.

「오래된 오이」, 늦고 빠른 것은 있겠으나 한번쯤은 건너야 할 강물이거나 "받아든 밥상 같은" 필연의 숙제를 생의 한 과정으로 아프게 읽히는 작품이다. 이 작품을 읽으면서 가슴이 먹먹해지는 이유이다.

문학이 인간의 작업임을 전제할 때 모성에서 시작되고 모성에서 마쳐지는 것 또한 당연한 일이다. 누구나 모성을 처마처럼 올려놓고 계단을 오르듯 한때는 아기였고 청년이었고 장년이었고 노년의 시기를 거치면서 인간은 모성의 그늘에서 휴식하고 성장하였다. 이쯤에 전숙 시인의 시정신이 위치한다면 시의 주제적 '모성'은 인술을 베푸는 시인의 외연에도 광각적으로 이어진 오지랖이랄 수 있겠다.

모성의 시공(時空)은 번져온 복사열이다

전숙 시인의 작품들을 '모성'내지는 '모성성'을 중심에 두고 독서하였다. 굳이 이 글을 말하자면 전숙 시인의 의미와 흐름을 함께 짚어왔다는 편이 맞을 것이다. 상식상의 논의지만 모성(Maternity)은 출산과 양육행위에 관련한 일체의 행위와 성향을 말한다. 이것들이 미세한 부분까지 언어의 묘(妙)에 이르렀는데 이들이 보인 울림과 파장 또한 볼만했었다. 전시인의 언어는 그만큼 굴절과 확산, 변용에 나아간 풍성한 이미지의 집합이었다. 시인에 따라 과작이냐 다작이냐의 차이는 있겠으나 전숙은 다산종의 어미를 떠올릴 만큼 다작이면서 편편이 비점을 찍을만한 노작들이었다. 이는 그가 지천명을 넘기고야 등단한 자연 발화적 현상에 기인하겠고 어울리지 않는 비유가 용서된다면 "늦게 배운 도둑 날 샌 줄 모르는" 부지런함으로 그의 시의 숲은 가히 울울창창에 이르른 것이다. 그의 창작적 에너지와 추진력은 그래서 더더욱 볼만해지고 불퇴전의 만화경을 지어내고 있다.

어머니는 직사광선 같은 '말초 신경적 행복'보다는 복사열처럼 번져서 채워진 '위안'의 시공(時空)이었다. 그런 의미에서 모성은 기억과 그 기억을 응용하여 프리즘적 변용으로 빚어져서 무지에 대한 교훈성 보다는 감각적 깨우침에 도달하게 한다.

시가 성공한 세상은 콧노래도 무지개로 뜬다. 현실에서 시는 미세한 몸부림이기 십상이다. 허나 장엄하고 무소불위한 정치나 경제가 물 빠지고 나면 죽음 같은 폐허만 남게 되고 그 같은 폐허 위에 새살 차오르게 하고 새 생명의 기운을 꽃피우는 자가 시인이다. 시인의 언어는 현실에서는 풀잎 하나 들어 올릴 힘도 못된다. 허나 시에서 설득된 언어의 위력은 너끈히 우주를 지탱하고 채워내는 에너지로 확대된다. 그런 의미에서 좋은 시의 장인 전숙 시인의 전도는 오래도록 크나큰 흐름을 만들면서 더더욱 볼만해질 것이다.

김 종 | 중앙일보 신춘문예 시 당선/ 시집 『장미원』, 『더 먼 곳의 그리움』, 『그대에게 가는 연습』 등 10권, 〈신동아미술제〉 대상.

존재의 시원에 대한 재해석
- 전숙론

김 병 호
(시인)

그동안 전숙 시인이 구축한 세계는 존재론적 고독이나 자아성찰의 문제들과 밀접한 상관관계를 맺고 있었다. 시인은 체험의 영역과 상상력의 영역을 균등하게 배치하여 단순히 자신만의 경험에 의해서가 아니라 인식 주관의 상상에 의해 생산된 영역을 동시에 거느리고 있어 시의 세계를 풍성하게 만드는 탁월한 재능을 지니고 있다. 그리하여 체험과 상상에 의해 직조된 그만의 세계는 적절한 비율과 배합에 의해 새로운 세계로 독자들을 인도하고 귀한 감동을 선사하곤 하였다.

오늘 읽는 전숙 시인의 작품 역시 이러한 세계에서 벗어나지 않고 있다. 기본적으로 시인은 주변의 사물과 대상으로부터 의미를 끌어내는데 능하다. 비록 하찮고 보잘 것 없고 부조리하다 하더라도 그것들을 예외적인 국면으로 전환시키지 않고 기꺼이 끌어안아 그것들로부터 아름다운 의미를 구원해내고자 한다. 전숙의 시를 보면 바로 그 사소한 것들 속에 근원적이고 완전한 세계가 숨겨져 있음을 어렵지 않게 발견해낼 수 있는 까닭이 여기에 있기도 하다. 시인은 가시적 일상의 영역과 불가시적 상상의 영역을 동시에 제시하는 창작방법을 통해 현대인들이 지닌 소외와 불안, 현대적 삶의 부조리를 '지금 여기'의 세계와 균등한 질감으로 구현한다.

> 다시는 놓지 않겠다는 듯 삭아가는 볏짚을 한가슴 따뜻하게 안은 채로 질척거리는 생의 습기를 거두어들였다. 볏짚을 들어내자 논바닥에는 아직 빠져나오지 못한 무진댁의 얼굴과 가슴과 무릎이 음각으로 새겨져있었다. 귀향한 그녀의 몸을 타고난 지형뿐만 아니라 그녀의 퇴행된 시간들이 무채색으로 덧칠한 활처럼 휜 무릎이며 굵어진 손가락매듭까지 한 장의 항공지도처럼 논바닥이 기억하고 있었다.
>
> -「귀향」 부분

시와 생활이 분리되지 않는 것처럼 시인에게 시는 일상 속에서 피어나고 시의 중심에는 일상의 삶들이 아로새겨져 있다. 시적 내용에서도 드러나지만 시인의 작품은, 객관적 대상을 전제로 이루어지지만 대상 자체보다는 대상에 대한 인물의 행위를 중심으로 이루어진다. 즉 이야기를 내포하고 있기 때문에 시가 추상적이고 형이상학적 측면으로 경도되지 않으면서 구체적 경험과 밀착된 사실적 경향을 유지하게 된다.

「귀향」에서 보듯이 시인은 논바닥에 쓰러져 있는 무진댁의 모습을 감각적으로 그려내고 있다. 단순히 시적 대상을 미적이고 감각적으로 묘사하는 데에 그치는 것이 아니라, 외적 형상을 묘사하는 순간, 대상이 지닌 외양은 독특한 이미지로 전유되어 곧바로 상상력의 원형적 지대로 이동시킨다. 가령 무진댁이 '요양원'에서 '딸네'로 그리고 '고향'으로 옮겨가면서 동원되는 '안개'와 '살얼음' '능소화' '볏짚'

'논바닥'이 이미지 한 축으로 작동되면서 시적 대상을 원형적 시각과 차원에서 해석할 수 있는 통로를 마련해 주는 것이다. 시인은 잠든 무진댁을 아득(늑)한 품으로 안고 있는 '안개'와 길을 벗어난 자동차바퀴 같은 그녀를 안쓰럽게 물고 있는 '논바닥', 그녀의 몸을 감싸고 있었던 '볏짚', 담벼락 아래로 통꽃 째 툭 떨어져버린 '능소화'의 이미지를 가장 순수한 이미지로 전유한다. 따라서 이러한 이미지들은 시인의 원형적 형상을 회복하게 만드는 시인의 독창적 인식에서 비롯된 것이라고 할 수 있다.

전숙의 작품들 다수는 어머니, 아버지, 죽음 등으로 유형화되는 근원적 세계에 닿아 있다. 시인이 인간의 과거를 추억하면서 부모와 고향을 그리는 까닭은 그것들이 존재의 시원에 해당하기 때문이다. 현재의 순간에서 존재의 시원을 끊임없이 재해석함으로써 자아는 분열과 파괴를 극복하고 동일성을 회복하게 된다. 자아에게 존재론적 근거와 자기동일성을 회복할 수 있는 아늑한 품을 제공한다는 점에서 우주적 시원은 하나의 공간으로 기능한다. 무진댁에게 고향의 '논바닥'이, 「아버지의 손」에서 아버지는 '사막'으로 기능하는데 이는 개인적이면서 원형적인 차원에서 초월적 심상을 제공하고 있다.

> 사막을 보고 있다
> 만지면 고운 모래가 묻어날 것 같은
> 고요가 고요를 말리는 건조증이 아직 진행 중이다
> 저 사막에도 용트림하듯 거센 강물줄기 흘렀었다
> 회초리를 들어 내 장딴지를 후려치던
> 그 강단진 패기는 어디쯤에서 말라버렸을까
> 한 장 한 장 생을 굽듯이 아슬하게 구워낸

대학등록금을 은행창구에 들이밀 때
아버지의 손은 사바나로 변하고 있었으리라

-「아버지의 손」 부분

시인은 시원적 공간과 일상의 공간을 넘나들며 각각의 의미영역을 확보하는 양상을 보여준다. 이 지점에서 시적 자아는 현재의 일상을 초월하는 존재론적 근거를 확인해주는 시원적 상상의 영역을 추구한다. 아버지의 손에서 사막을 발견하고 사바나를 발견하는 시인의 인식은, 외롭고 쓸쓸하고 부조리한 삶을 살아가는 시적 자아에게 존재론적 근원을 마련해주는 계기가 된다. '사막'과 '섬'(「잔치」), '대합실'(「냄새의 역사」) '저수지'(「왼쪽이 아프다」) 등이 보여주는 원형적 상징은 모두 시인에 의해 시원적 공간의 의미망으로 구축되게 된다.

또 우리가 눈여겨 살펴야 할 부분은 시의 형상화 방법이다. 이는 작품 「눈물에게」나 「아버지의 손」에서 쉽게 찾을 수 있는데, 시인은 대상으로부터 근원적 이미지를 떠올리고 원형적 상상력을 전개하는 일련의 과정들을 거치게 된다. 이는 시인이 시를 형상화하는 가장 핵심적이고도 기본적인 틀인데, 「아버지의 손」에서 시인은 생명체가 살아가기 열악한, 대표적 공간인 사막을 통해 애처러움과 슬픔을 동시에 불러일으키는 존재로 아버지를 상정하고 있다. '하얗게 말라버린 강과 샘'은 영원성을 상실한 공간인 동시에 인간이 닿을 수밖에 없는 역설적 일상의 공간(「잔치」에서 그려지는 빈집의'난장판'역시 이에 해당된다)이기도 하다. 인생과 삶에서 체득되는 역설적 일상이 시인의 작품에서 구현되는 대목이다.

아마 세 번쯤의 겨울을 이 대합실에서 보냈을,

몇 번쯤 쫓겨났다가
참나무 연기처럼 꾸역꾸역 스며들었을
냄새의 역사들이 의자에 박혀있다
냄새도 닮은 무늬끼리 좋아하는지
교환하는 눈빛에 싸구려로션 같은 끈적함이 배어있다
아침샤워로 냄새를 감쪽같이 지우고 나온
냄새초년병들은 오래된 냄새를 피해 자리를 옮긴다

-「냄새의 역사」 부분

시인이 근원적 상상의 공간과 일상의 영역 사이의 경계를 허물고자 한다고 해서 그에게 일상이 언제나 긍정되는 것은 아니다. 일상의 영역은 항상 부조리하고 소외로 가득 찬 공간이어서 사람들은 언제나 탈출의 욕망을 감추고 생활하는 곳이다. 그러나 중요한 것은 그러한 일상일지라도 시인은 이를 배척하거나 포기하지 않는다는 점이다. 「냄새의 역사」나 「잔치」에서 알 수 있듯이 그는 사소하거나 보잘 것 없으며 흔하디흔한 대상에 대한 시인으로서의 포용력과 능력을 지니고 있다. 일상과 원형의 심상이 서로 대립적이며 갈등이 내재되어 있는 공간에서 전숙은 특유의 감수성과 상상력으로 이곳을 근원적 영역에 위치시킨다.

전숙이 시도하는 존재론적 근원에 대한 탐색은 현재와 분리된 채 먼 과거에만 속한 것도 아니고 일상과 구분된 채 초월적으로 존재하는 것도 아니다. 시인은 '지금 여기'에서 그것들을 찾아낸다. 일반화되고 정형화된 심상과 상징이 아니라 시인이 자신의 체험과 자신의 일상에서 발견한 심상과 이미지이기 때문에 오히려 우리에게 더욱 큰 의미를 제공해할 수 있는 것이다. 존재의 근원을 탐색하기 위한 전숙의 시적 시도는 언어를 매개로, 더 정확하게는 이미지와 상징의 언어를 통해 이루어진다. 용산역 대합실의 풍경과 겹치는 산봉우리의 이미지뿐만이 아니라, '싸구려로션'과 '삼년치의 냄새''단내'의 후각적 이미지는 대상을 단순히 미적으로 구현하는 것이 아니라 오히려 대상을 가장 순정한 상태로 이끌어내기 위해 노력이다. 시인은 일상이나 세계를 폭로하고 비판하기 보다는 주관적이고 감정적 미학을 구현하면서 오히려 더욱 유기적 이미지를 배치하는데 노력한다. 그리고 이때 이미지는 어떤 티끌이나 얼룩도 말끔히 지워져 대상이 드러낼 수 있는 가장 순결한 상태가 되고 시인은 비로소 원형적 상징에서 존재론적 성찰을 시도한다. 시인은 대상을 이미지화하고 연이어 시원적 상상을 전재하는 과정에서 언어적 자의적 측면과 존재론적 측면을 모두 보여준다. 현대를 살아가는 자아는 일반적으로 자기의 존재 근거를 확인하지 못하고 모호한 '안개' 속을 헤매는 양상을 쉽게 보여주는데, 전숙은 원형적 세계에 기대어 존재론적 의미를 캐내고자 하는 시인만의 대응법을 지니고 있다. 그것은 시적 자아가 '지금 여기'라는 시공간을 외면하지 않는다는 사실이다. 근원적 세계로의 매개가 되는 '냄새' '눈물' '손'이 결국은 '지금 여기'의 복판을 지나는 기표이며, 시적 자아는 이곳을 떠나지 않은 채 '지금 여기'에서 존재론적 탐색을 펼쳐가는 것이다.

앞서 진술한 바와 같이 전숙은 대상들로부터 어떤 정형화된 상상을 끌어내지 않는다. 우연히 마주치는 사물들을 자신만의 이미지로 채색하여 보다 근원적인 세계로의 길을 만들어낸다. 이때 시인이 구현하는 이미지는 근원적 세계에 닿을 수 있는 절대적이고 순수한 혹은 응집되고 완전한 이미지에 가깝다. 즉 시인의 눈에 포착된 시적 대상은 전숙 특유의 관점과 대응에 어우러져 새로운 모습으로 탄생하고, 시적 자아를 존재론적 의미의 세계로 인도한다. 이러한 과정에서 볼 때 전숙에게 언어는 기교적 차원에 놓여 있는 것이 아니라 존재론적 탐색과 직결되는 매개라 할 수 있다. 우리가 전숙 시인의 작품을 눈여겨 읽고 아끼는 배경에는 그가 펼쳐내는 새로운 이미지와 새로운 언어를 통해 원형의 상상 세계가 펼쳐져 있기 때문이다. 그리고 우리는, 시인이 하찮고 보잘 것 없고 부조리하더라도 그것들 속에 숨겨져 있는 근원적이고 완전한 세계에 대한 탐색을 쉽게 멈추지 않기를 기대하며 응원한다.

김병호 | 2003년 〈문화일보〉 신춘문예 당선/시집 『달 안을 걷다』가 있음/현재 협성대 문예창작학과 교수.

몸을 통과하는 생의 은유
- 전숙 시집 『눈물에게』

염 창 권
(시인)

전숙 시인이 첫 시집 『나이든 호미』에 이어 『눈물에게』를 발간하였다. 이번 시집 『눈물에게』는 '광주PEN문학상' 수상의 영예를 안겨준 작품집이다. 필자가 두 시집에서 찾아낸 주제는, "몸을 통과하는 생의 은유 찾기 혹은 사물의 몸에서 빌려온 은유를 생의 매순간에 겹쳐 보이기"이다. 한마디로 그녀의 말 부림은 단순하지 않다. 각각의 작품들이 몸의 내밀한 감각을 통하여 정서적 감응력을 보여줄 뿐만 아니라, 생의 순간들을 가치 있는 이미지로 포착하는 인식의 힘을 보여주기 때문이다.

레이코프는 "영적 경험을 정열적으로 만들고 거기에 치열한 욕구와 고통 그리고 환희를 가져오는 것은 몸"이라고 하였다. 몸이 소유한 감각들은 삶의 현실을 분명하게 인식하고 정신적 개념과 연합하여 인식의 상태를 상승시키는 주체자 역할을 한다. 몸의 기표를 활용한 모티프 찾기는 표제작인 「눈물에게」를 통하여 확인할 수 있다.

눈물은 태초에 가시였단다

순한 눈을 지키라고 하느님이 선물로 주셨지

발톱을 세워 달려드는 적들을
가시는 차마 찌를 수 없었단다

마음이 너무 투명해서
적들의 아픔까지 유리알처럼 보였거든

세상의 순한 눈들은
가시의 방향을 바꾸어
제 마음을 찌르고 말았단다

도살장의 소

마음이 흘린 피
그게 눈물이란다.

-「눈물에게」 전문

"가시"는 적을 방어하는 무기의 일종이다. 고슴도치의 털처럼 가시는 타자의 접근을 차단함으로써 적을 물리칠 수 있는 힘이 된다. 즉 상대의 공격을 차단하고, 자신 또한 상처를 입지 않으려는 수동적인 방어 방법이 바로 가시인 것이다. 그런데, 이 시는 역발상에서 출발하고 있다. 가시는 "순한 눈을 지키라고 하느님이 선물로 주"신 것이다. 그 순한 눈으로는 적을 물리치지 못한다. "마음이 너무 투명해서/ 적들의 아픔까지 유리알처럼 보였거든"에서와 같이 타자에 대한 연민이 앞서면서 자기희생을 감내하게 된다. "세상의 순한 눈들은/ 가시의 방향을 바꾸어/ 제 마음을 찌르고 말았"다는 것은 적의 아픔을 나의 아픔으로 품어서 더 큰 아픔이 되는 것, "마음이 흘린 피"와 같이 자신의 희생을 감내하는 것이 눈물의 의미이다. 이로써 눈물은 자신을 찌르는 가시가 되고 아픔이 되고 피가 된다. 눈물이 가시가 되는 까닭은 타자 연민에서 출발한 아픔이 주체로 전이되어 내면에 독한 상처를 만들기 때문이다. 즉 눈물은 "도살장의 소"처럼 자신을 공여하면서 흘리는 고통을 통해서만 진정성을 갖기에 가시처럼 아픈 것이다.

가슴을 파고드는 눈물은 「고비의 어미」에서 새끼낙타의 냄새를 기억하는 "어미"를 통해서 재확인된다. 여기서는 "칼이 된 그리움이 있다"고 한다.

칼이 된 그리움이 있다

고비에서는 사람이 죽으면 죽은 자리에 풍장을 하고
어미의 앞에서 새끼낙타를 칼로 찔러 죽인다
어미는 새끼의 냄새를 일 년도 넘게 기억할 수 있어서
하루에도 몇 번씩 얼굴을 바꾸는 고비에서
풍장한 곳을 찾기 위해 어미낙타를 데려가려는 것이다

고비의 낙타는 속눈썹이 두 겹이고
혹도 쌍봉이고
가슴에 품은 그리움의 주머니도 두 개여서
새끼를 찾고 그리워하는 정이 가축 중에 제일이다

기억하는 한 살아있다며
안아볼 수도 만져볼 수도 없는
불가촉천민 같은 서러운 냄새를
사막의 지독한 모래폭풍에도 놓치지 않고
세상을 온통 새파랗게 물들이는 고비하늘,
그 시원의 파랑에도 물들지 않고
잘근잘근 음미하던 야생화의 향기도 젖히고

밤이면 거침없이 쏟아지는
미리내의 빛줄기에도 흘려보내지 않고
건초의 뼈보다 더 질긴
모래폭풍의 손아귀보다 더 억센
주머니에 각인시켜서

한해 전에
부풀어 오르는 목젖을 넘어간
그 비린 그리움을 펴 올리며
어미는 망망한 고비를 건넌다.

-「고비의 어미」 전문

이 시는 고비의 쌍봉낙타를 통해서 어미의 새끼에 대한 사랑과 그리움을 풀어 놓는다. "어미는 새끼의 냄새를 일 년도 넘게 기억할 수 있어서/ 하루에도 몇 번씩 얼굴을 바꾸는 고비에서/ 풍장한 곳을 찾기 위해 어미낙타를 데려가려는 것이다"와 같은 상황은 어미에게 가해지는 폭력의 실체이다. 어미는 이 폭력 앞에 무방비일 수밖에 없는데, 새끼를 그리워하는 마음은 일 년이 넘게 그 냄새의 기억을 지우지 않는다. 이를 이용하여 날마다 지형을 바꾸는 고비에서 죽은 이를 풍장 해 놓은 좌표를 찾아낼 수 있는 것이다. 그래서 일 년 뒤에 죽은 새끼낙타를 찾아가기까지의 기간 동안 어미에게는 형벌이자 가혹한 고통의 길을 짐 지우게 되는 것이다. 끝에서 "그 비린 그리움을 펴 올리며/어미는 망망한 고비를 건넌다."고 했을 때, 후끈하게 끼치는 살 냄새는 생명을 가진 것들의 그리움이면서 우리 인간의 원형적 그리움으로 확대된다. 안으로 칼질을 해대듯이 진행형으로 애가 타면서 그리움을 붙들고 사는 것은 모든 어미들이 겪는 천형이자 사랑의 방식이라 하겠다.

개썰매를 몰아 방향을 찾는 이누이트들은
눈의 주름을 보고 길을 찾는다고 한다

설원을 쓸고 간 바람의 발자국이
주름을 만든다는 것이다

나는 머리카락을 추켜올리고
이마의 주름을 활짝 드러내었다

내가 걸어온 바람 같은 길이
생의 설원에 석 줄 깊은 발자국을 찍어놓았다

내 뒤에 오는 누군가
이 주름을 더듬어 가면
생의 크레바스를 무사히 비켜갈 수 있으리라.

-「주름」 전문

이 시에서 이누이트들은 바람의 발자국인 "눈의 주름"을 보고 길을 찾는다. 그와 같이 우리 몸에도 길이 있는데 그것은 이마에 그려진 주름이다. 이 주름을 따라 길을 찾으며 생의 곡진함에 닿았던 날들이 있었기에, "나는 머리카락을 추켜올리고/이마의 주름을 활짝 드러내었다"고 생의 순간들을 긍정한다. 그리고 그 주름에는 발자국들이 찍혀져 있어 "내가 걸어온 바람 같은" 날들이 얼비친다. 더구나 "내 뒤에 오는 누군가/이 주름을 더듬어 가면" "생의 크레바스를 무사히 비켜갈 수 있으리라."라고 말할 정도로, 지나온 삶에 대한 자신감을 표현한다.

앞의 시들을 통해서 살펴본 바, 전숙 시인이 형상화해낸 시세계는 몸 이미지로 빚어낸 생의 상징이자 감각적 기억들로 가득하다. 막스 쉘러는 우리 몸의 구조 속에서 자아와 타자가 구별 없이 존재하고 있으며, 각 개인의 정체성은 사회적 관계에 의해서 형성된다고 말한다. 여기서 사람이 자기 안에서보다는 먼저 타자 안에서 산다고 말할 때, 타자의 시선, 그리고 공동체의 시선 속에서 자기를 발견하고 자기 정체성을 확립해 나간다는 의미이다. 그리고 무엇보다도 기억의 흔적을 가장 잘 드러내는 것이 몸이다. 「고비의 어미」나 「주름」에서 보는 바, 몸에 "각인"된 기록만큼 확실한 것은 없다. 몸에 남겨진 기록은 생의 매순간 참조되면서, 현실이 결국 과거의 지속임을 끊임없이 깨우쳐 준다.

전숙 시인의 시에서 화자는 품 넓은 마음으로 이웃들의 삶을 보듬는데, 「반지」「살이라는 것」「항아리」「옷걸이」「선지국밥」「사과」「어미물떼새의 셈법」 등의 시를 통해서 읽게 되는 바, 지상의 사물들은 모두 몸을 가진 존재들이다. 그 몸들을 불러 앉히고 어루만져 의미를 부여함으로써 상호간에 대화적 상대로서 인격적 만남이 이루어진다. 시인에게는 몸을 가진 존재는 모두 소중하다. 그래서 그 소중한 그 모습대로 쓰다듬고 어루만져 주는 것을 좋아한다. 시인의 품성 또한 사람들에게 그늘이 되어주는 후덕함을 가지고 있다.

모두가 내 그늘에서 쉬어가길 바랐다
머리 희끗해진 겨울산에서
발밑을 바라보니
오히려 내가
누군가의 등을 딛고 서있었다.

-「정자나무가 되어」 전문

"모두가 내 그늘에서 쉬어가길 바랐다"는 것은, 아프고

피곤하고 쓸쓸한 사람들의 말벗이자 치유자로 살아왔던 생의 역정과 일치하는 바가 있다. 그런데 "머리 희끗해진 겨울산에서" 바라보니 사실은 내 그늘에서 그들이 쉰 것이 아니라 내가 "누군가의 등을 딛고 서" 있는 것과 같이 내가 그들을 의지하고 있었다고 해석한다. 즉 내 그늘에서 쉬는 사람들로 인해 나 스스로 치유되고 위안 받는 것과 같이 상생의 길을 걸어왔음을 나타낸다. 봉사자가 봉사활동으로 인하여 스스로 활력을 찾아 치유 받는 것과 같은 이치이다.

『눈물에게』는 김종 화백의 그림과 함께 시화집으로 엮어졌는데, 그림의 폭발할듯한 강렬한 색채는 시에서 은유적으로 빚어내는 몸 이미지와 잘 어울리며 시적인 몽상을 부풀린다. 수상을 다시금 축하드리며, 몸 이미지를 더욱 진전시켜 시와 삶의 양면에서 더욱 확장될 수 있기를 기원 드린다.

염창권 : 시인, 광주교육대 국어교육과 교수

| 해설 4 |

자기성찰과 현실인식 ;
변혁적 소양(素養)과 관련하여

백 인 덕
(시인)

시인의 현실은 불가피하게 두 개의 층위로 구성된다. 아니 두 개의 층위가 겹쳐지고 밀어내고 허물이 벗겨지는 과정에서 순간적으로 형성된다. 그 마저도 이내 새벽이슬처럼 스러진다. 일종의 숙명성이다. 시인은 먼저 우리가 만나 눈빛을 교환하고 이야기를 나누고 이미지를 회상할 수 있는 물리적 실체로서의 존재다. 동시대인이라면 말이다. 그는 말 그대로 생생한 '현실(reality)' 속의 자연인이다. 이 시인은 여러 상황과 사태의 압력 아래서 사회문화적 존재로서 자기 정위를 위해 투쟁한다. 이 투쟁이 자아실현의 자양분이 되고, 나아가 미학적 진보의 원동력이 되기도 한다. 하지만 다른 하나의 시인, 즉 시라는 텍스트를 작성했을 것이라고 짐작되는 시인은 오직 '현실성(actuality)'을 드러낼 수 있을 뿐이다. 즉 우리가 아무리 생생하게 추체험하게 되더라도 재현된 사태와 상황들을 사실 그 자체로 되살려 낼 수 없다. 어쩌면 이 불가피한 괴리가 창작에 있어 소위 '시간의 숙성 또는 담금질'이라고 흔히 말하는 '숨, 틈, 사이'를 요구하는 것일지도 모른다.

전숙 시인은 예리한 현실인식을 바탕으로 시적 자기성찰의 한 단계 깊은 고민과 확장된 자장(磁場) 안에서의 분투를 보여준다. 경악과 분노로 가득한 이 시대를 건너가면서 목 안의 단말마를 어떻게 처리할지 지극한 시적 고뇌를 이번 작품들을 통해 던지고 되받고 있다.

> 대저 시인이란 무엇인가
> 창조주처럼 처음인가
> 달빛 같은 그윽한 동반자인가
> 별빛 같은 구경꾼인가
> 뻐꾸기 같은 무임승차족인가
>
> 밀폐시킨 암흑창고에 노동자를 몰아넣고
> 스티로폼도 녹여버리는 최루가스를
> 자선 베풀듯이 터뜨린 공권력에 공분하다가
> 뉴스가 시들해지면 분노도 시들해져버리는
> 부끄러움도 잊고 마는 나는 누구인가
>
> -「자화상1」 부분

이 작품은 의미심장하게 제목이 '자화상1'이다. 자화상이란 말 그대로 스스로가 그리는 자기 초상인데, 우리는 감각적으로나 정신적으로나 어쨌든 자기 자신을 볼 수 없다. 상상하는 것조차도 사실은 내가 할 수 있는 게 아니다. 하나의 '상(像)'을 그려보려면 반드시 '거울'이 필요하다. 물론 거울은 '타자'의 의미까지를 포괄한다. 시의 표면만 보자면, 이 거울은 가수 이효리가 된다. '노란봉투'에 동참한 그녀의 행동이 시인의 자의식을 반사하면서 시인은 오늘 자신의 얼굴을 민낯으로 되돌아보게 되는 것이다.

작품의 후반부는 반사되어 온 시선에 찔린 시인의 자의식이 겪게 되는 한 순간의 혼란과 대응이 드러난다. 그 내

용은 두 개의 의문문이 뼈대를 형성한다. '시인이란 무엇인가'라는 정의(定義)의 문제와 '나는 누구인가'라는 정위(定位)의 문제가 핵심임을 알 수 있다.

시인은 먼저 "대저 시인이란 무엇인가"라고 묻는다. 이 질문은 '시'에 관한 해답 없는 수많은 질문의 연쇄 속의 한 결절이다. 시인이란 무엇인가는 시란 무엇인가와 같은 질문이고, 시란 무엇인가는 결국 시란 이 시대의 사회문화, 아니 미시적으로 한 개인의 삶에서 무엇이어야 하는가라는 질문과도 그 궤를 같이 한다. 사실 시인은 자문자답하고 있다. 이 자문자답이 전숙이라는 개인을 넘어 더 큰 질문의 동심원으로 퍼져나가게 된다는 것이 이 작품의 미덕이다.

역사적으로 시인은 예언자였고, 선구자였고., 혁명가였으며, 한낱 장식품이었다. 일반적으로 검증된 사실이지만, 시인은 '창조주', '동반자', '구경꾼', '무임승차족'이 아니냐고 묻고 있다. 그러므로 다시 읽으면 '대저 시인이란 무엇인가'라는 의문은 사적인 정의를 묻는 것이 아니고, 우리 시대, 즉 동시대의 시인들이 자칭하는 시인의 정의, 혹은 역할에 대한 강한 의문이라고 볼 수 있다. 동어반복이지만 오늘의 시인들은 어쩌면 창조주, 동반자, 구경꾼, 무임승차족일 뿐이라는 강한 회의가 함축되어 있다.

전숙 시인은 이어 다음으로 '나는 누구인가'라고 묻는다. 사건을 기억하는 필자는 가급적 사건 자체에 대한 언급 없이 시를 읽고 싶다. 해고노동자들의 머리 위에 던진 47억이라는 것이 돈이 아니라 47억 번의 돌팔매라는 것을 알고 있다. 천민자본주의가 기어코 찾아낸 전가의 보도가 벌금과 손해배상과 각종 소송이라는 것도 알고 있다. 하지만 이 글을 그렇게 가파르게 밀어갈 순 없다. 독자들이 혜량하시리라 믿는다.

시 해석에 있어 '퍼소나(persona) 이론'은 이유 없이 배척당하거나 범주와 의미가 지나치게 축소, 적용되어 왔다. '시적 화자', 즉 시에서 말하는 사람은 시적 자아일 수도 있고, 시적 주체일 수도 있고, 퍼소나일 수도 있다. 그럼에도 불구하고 시의 발화자(함축적 시인을 포함하여) 전체를 퍼소나라고 통칭하면서 물리적 실체인 시인과 퍼소나의 관계를 도외시해 왔다.

전숙 시인은 "뉴스가 시들해지면 분노도 시들해져버리는/부끄러움도 잊고 마는 나는 누구인가"라고 묻고 있다. 작품에 등장하는 나는 '뉴스'의 충격 강도에 따라 반응하는 일상적 존재이다. 이런 태도는 사실 아무 문제도 발생시키지 않는다. 하지만 이 질문 '나는 누구인가'라는 묻는 이 텍스트 밖의 나는, 일상적 존재인 '나'에게 어떤 형질을 부여했고 그것이 지속되기를 바라는 진정한 '나'의 음성을 지닌다. 그가 묻는 것도 역시 '나는 누구인가'라는 질문인데, 이는 곧바로 '시인이란 무엇인가'라는 질문으로 환원된다.

> 노란봉투를 처음으로 생각해낸 이름 모를 주부에게
> '시인'의 이름을 바친다
>
> -「자화상1」 부분

이 한 연에 시인이 생각하는 '시인'의 정의와 나의 정위가 오롯이 드러난다. 직접적으로 말하자면 전숙 시인이 생각하는 '시인'은 진정한 의미에서의 '시민'이라 할 수 있다. 이 작품과 「변호인」, 「윤일병에게」 등의 작품만 놓고 이해할 때 그렇다는 것이다. 진정한 의미의 '시민'인 '시인'은 어떤 형상으로 맺혀지는가, 이는 좀 뒤에 다시 살펴 볼 것이다.

퍼소나, 즉 시적 인격은 '나'는 다양한 외부적 사태와 힘, 상황과 그 변화에 대해 자기정체성을 독립적으로 확보, 유지하려는 최소한의 장치라 할 수 있다. 시는 공감을 지향하되 직설적 감정이입을 통한 자기만족을 경계해야 한다고 생각한다. 필자는 안산에 거주하고 있다. 절규와 비명, 분노의 외침과 격정적 토로가 온전히 시가 되지 못한다는 사실이 괴로웠다. 그것은 오래 곱씹고, 되풀이 성찰해 변화를 이끌어내는 자기 원동력을 상실한 말 그대로 표피적 반응에 머물고 말았다. 무릇 시인이란 무릎 뼈 망가질 정도까지는 기다려야 하지 않는가, 생각이 다시 어두워진다.

축지법을 쓰듯이 하루에 한 나라씩을 건넌다
나라마다 핏줄 같은 강이 흐르고 있다
강의 깊이는 그 강을 마시는 명줄들의 가슴의 깊이다
깊은 강은 제 깊이만한 명줄을 받아들이고
얕은 강은 제 몸도 허우적거린다
강이 키우는 것은 목숨만이 아니다
강은 네로와 나폴레옹과
다빈치와 미켈란젤로와 메디치를 낳았다
바람의 방향에 따라 같은 강에서도
폭군도 종교도 예술도 태어난다
어떤 강은 통곡소리가 범람하고
어떤 강은 천년의 암흑을 깨운다
전설과 신화는 마천루처럼 쌓이고
악한 것은 더 악해지고 선한 것은 더 선해진다
아직도 생목숨 같은 강에는 숭고하거나 치욕이거나 분노가 흐른다

-「강에는 인문학코드가 흐른다 - 서유럽의 강을 건넌다」 부분

문득, 시인은 서유럽으로 혹은 서유럽 여행의 추억으로 눈을 돌린다. 그런데 이 작품에는 역시 의미심장하게도 '인

문학코드'라는 작금의 핫한 키워드가 보인다. 이 하나로도 이 작품이 단순한 추억담이거나 기분전환을 위한 배치가 아니라는 점이 드러난다.

지도를 펼쳐놓고 보면 서유럽의 강들은 대개 남북으로 흐른다. 한강처럼 큰 강은 없지만 그 강들은 동서로 경계를 가르고 아리안과 슬라브를, 선진과 후진을 가르고, 구교와 신교를 가르고, 심지어는 상징주의와 표현주의를 가른다. 하지만 시인이 여기서 깨닫게 된 것은 "맑은 바람이 바스티유를 흔들던 그날처럼 /악에 오염되었던 강은 검은빛에 다시 물들지 않는다/오늘의 상심에도 두만강이 주저앉지 않고 흘러가는 이유다/자유가 흐르는 강에서는 풀꽃들의 피 냄새가 난다."는 것이다.

시인은 '네로와 나폴레옹', '다빈치와 미켈란젤로와 메디치'를 낳은 강을 축지법 쓰듯 숨 가쁘게 둘러보았지만. 시선은 결국 '오늘의 상심'에 사로잡혀 있는 '두만강'에 가 닿아 있었던 것이다. 거기 풀꽃들의 피 냄새 속에서 어떤 미래를 예감하는 것이다. '예언'이 아니라 '예감'하는 것이 '시민'인 '시인'의 참다운 자세일지도 모른다. "정의의 저울로 달면 가장 가벼운 것은 눈물과 한숨이고/가장 무거운 것은 오리발과 건망증이다"(「변호인」)인 이상한 정의의 사회에서, 또는 "칼을 주지 않고/방패를 주지 않고/'착하게 착하게 살아라'고 주먹으로 윽박지른/도덕교과서가 다시 회생하겠니?"(「윤일병에게」)라고 되묻을 수밖에 없는 현실에서 시인은 진동하는 '풀꽃들의 피 냄새'를 맡을 수밖에 없는 숙명에 치를 떤다. 어쩌면 시인은 "자유가 흐르는 강에서는 풀꽃들의 피냄새가 난다"는 사실을 일반명제로 기술하기 위하여, 아니 한 구절의 시로 만들기 위해 감내해야 하는 현실이 고통스럽고, 더 치욕스러울지도 모른다.

전숙 시인은 '나는 누구인가'라는 물음, 존재론적이 아닌 시적 질문을 통해, 오늘 최소한 대한민국 이 땅에서 씌어진 시와 그것을 생산하는 시인들에 대한 본래적 질문을 상기한다. 그러나 그 질문의 방식은 시의 바깥에서, 시를 너머서서 힐난하거나 조롱하는 것이 아니라, 시 본연의 심연으로 돌아가고자 하는 두렵고 무모한 시도이기에 더 무겁고 두렵게 들린다.

모든 상처에서는 꽃이 핀다
유년의 상처에 꽃이 피어있다
무르팍을 으깬 돌멩이가 꽃잎으로 박혀있다
꽃잎을 누르면 검색창이 열리듯 상처의 기억이 열린다
밥 대신 누런 코를 들이마시던 아이의
허물어진 담벼락 같은 가난도 망초꽃으로 피어있다

고래가 죽을 때 핀다는 '붉은 장미'에는 가시가 없다
상처는 가시를 버리고 꽃의 길을 택했다
마지막 호흡에서 피어나는 붉디붉은 상처의 꽃
'신은 살아있다'고
아우슈비츠 수용소 벽에 손톱으로 새긴
아리디 아린 상처의 꽃

상처가 꽃처럼 아름다운 것은 스스로 기억한
암각화이기 때문이다
결코 잊지 말라고
상처가 오체투지로 새긴
눈물의 전언이 꽃으로 피어난다

밟히고 밟힌 풀꽃의 눈망울을 들여다보라
매듭 매듭 저린 아픔과 상처의 기억이
다시는 밟히지 말라고

눈부처로 피어 있다.

-「모든 상처에는 꽃이 핀다」 전문

한 가지 분명한 것은 전숙 시인은 결코 상처 자체에 집중하지 않는다. 상처란 이미 일어난 행위와 사태들의 결과일 뿐이다. 시인은 "상처가 꽃처럼 아름다운 것은 스스로 기억한/암각화이기 때문이다"고 선언한다. 우리는 상처의 도정이 다다르게 될 결말을 알지 못한다. 다만, 상처가 생겨난 원인에 대한 이해는 충분히 가능하다. 시인은 어느 쪽에 시선을 두는 자 이어야 하는가?

이번 집중조명의 작품들을 접하고. 대뜸 브레히트의 「서정시를 쓰기 힘든 시대」가 떠올랐다.

꽃피는 사과나무에 대한 감동과
엉터리 화가에 대한 경악이
나의 가슴 속에서 다투고 있다.
그러나 바로 두 번째 것이
나로 하여금 시를 쓰게 한다.

백인덕 | 시인, 문학평론가

전숙 시집

아버지의 손

2015년 8월 20일 인쇄
2015년 8월 25일 발행

지은이 | 전 숙
펴낸이 | 강 경 호
기획 · 인쇄 | (주)시와사람
등 록 | 1994년 6월 10일 제 05-01-0155호
주 소 | 광주시 동구 백서로 125번길 32-5 (금동 8-1)
전 화 | (062)224-5319
팩 스 | (062)225-5319
E-mail | jcapoet@hanmail.net

ISBN 978-89-5665-432-4 03810

값 8,000원

공급처 ■ 한국출판협동조합
경기도 파주시 탄현면 오금리 202번지
주문전화 (02)716-5616, 070-7119-1740